KÖLN UND DER KRIEG

Köln aus der Luft
mit brennenden Häusern, aber intakten Brücken,
Aufnahme eines britischen Aufklärungsflugzeugs, 28. Oktober 1944,
Fotograf unbekannt

Überlebende eines Luftangriffs
sitzen auf ihren geretteten Habseligkeiten.
Foto: vermutlich Julius Radermacher, um 1944

Halbversunkener Rheinschlepper
vor der zerstörten Hohenzollernbrücke,
Foto: Hubs Flöter, 1946

Blick vom Dom auf sonniges Großstadtleben
Am Hof, Foto: Theo Felten, um 1950

Sicherung eines Trümmergrundstücks
Lockere Bauelemente werden abgeschlagen.
1950, Fotograf unbekannt

Reinhard Matz | Wolfgang Vollmer

KÖLN UND DER KRIEG

LEBEN | KULTUR | STADT 1940 – 1950

GREVEN VERLAG KÖLN

Inhaltsverzeichnis

80-jähriger Karnevalist
in Ritterrüstung und mit Karnevalsorden,
Foto: Hermann Claasen, 1950

LUDWIG

Vorwort

Es muss das Herz bei jedem Lebensrufe
Bereit zum Abschied sein und Neubeginne,
Um sich in Tapferkeit und ohne Trauern
In andre, neue Bindungen zu geben.

Hermann Hesse (1941)

Köln in den 1940er-Jahren, das ist in unseren Köpfen Willkürherrschaft, Vertreibung, Zerstörung, Mord, Bombennächte, Flucht, Sterben, Niederlage, Befreiung, Hunger und Not. Anders als die überwiegend positive Stadtentwicklung des halben Jahrhunderts vor der nationalsozialistischen Herrschaft und der vierzig Jahre nach Gründung der Bundesrepublik trägt dieses Jahrzehnt ein eindeutiges Minuszeichen. Nur eine Minderheit konnte das Kriegsende als Befreiung erleben, die Mehrheit der Deutschen war sicherlich erleichtert, dass die Bombardierungen ein Ende hatten, empfand den Kriegsausgang jedoch als Niederlage. Die Fotografien dieser Zeit sind selten schön, einnehmend oder großzügig, Eigenschaften, an die wir uns bei der Betrachtung historischer Stadtbildbände gewöhnt haben. Hier begeben wir uns in eine Zeit, deren Fotografien brutal, verstörend und allenfalls mitleiderregend sind. Wollen wir, will das Publikum diese Bilder überhaupt sehen?

Andererseits haben wir gelernt, fotografische Qualität nicht an positive Inhalte zu binden, ja, dass der kritische Blick Fakten oft genauer enthüllt, während das äußerlich schöne Bild seinen Gegenstand nur allzu häufig verklärt. Gerade an Köln ist mindestens für die Nachkriegszeit zu studieren, dass der Stadt mit schönen Bildern selten und schwerlich beizukommen ist – anders als München oder Hamburg beispielsweise. An Köln erweist sich fotografische Qualität in ihrer Wahrhaftigkeit, und das in den düsteren 1940er-Jahren umso mehr.

Dies ist nun der chronologisch zweite, gleichwohl editorisch dritte Bildband dieser Trilogie zur neueren Geschichte Kölns im Medium der Fotografie. Umfasste der erste Band den Aufstieg Kölns über sechzig Jahre vom Kaiserreich über die Weimarer Republik bis zum Nationalsozialismus und dem Kriegsanfang, und rekapitulierte der zweite Band Kölns Neuanfänge in den gut vierzig Jahren der Bonner Republik, konzentriert sich dieses Buch auf das in jeder Hinsicht exzeptionelle Jahrzehnt der 1940er-Jahre.

Köln wurde im 20. Jahrhundert nicht zum ersten Mal weitgehend zerstört. Mag die Einnahme der römischen Stadt durch die Franken im 5. Jahrhundert noch eher ein gelindes Verfallenlassen der römischen Bauwerke, der Infrastruktur und der stadtkulturellen Einrichtungen nach sich gezogen haben, hatten die Normannen im 9. Jahrhundert durch Brandschatzung, Plünderung und blinde Zerstörung die gerade erst wieder aufkeimende Stadterneuerung bereits sehr viel gründlicher beschädigt. Der Behauptungswille der Kölner war allerdings schon so weit erstarkt, dass zwei Jahre nach Abzug der Normannen die Stadtmauer wieder instand gesetzt war und Erzbischof Willibert nach neun Jahren Wiederaufbau der Kirchen den Papst um neue Reliquien bitten konnte … Der Le-

Gepflegte Mittagspause
mit einem ›Henkelmännchen‹ auf geretteten Möbeln,
Foto: Erich Behnke, um 1943

benswille war in Köln sicherlich vielfach beschädigt, aber auch 1945 nicht gebrochen. Ehrgeiz, die Nähe des überraschend zur Hauptstadt gekürten kleinen Bonn und eine globalhistorisch günstige Konstellation ermöglichten ab dem Ende des Jahrzehnts einen erstaunlich schnellen Neu- und Wiederaufbau der Stadt. Aber das Empfinden eines historischen Substanzverlustes wirkt bis heute nach, erklärt die unübersehbare Nostalgie im Rückblick auf das Vorkriegs-Köln, die mit zunehmendem Abstand ja sogar noch zu wachsen scheint, obgleich von den heute Lebenden paradoxerweise nur noch sehr wenige eine reale Erinnerung an jene Zeit haben können. Insofern war der Zweite Weltkrieg zweifellos das einschneidendste Ereignis der jüngeren Stadtgeschichte, weshalb er wie selbstverständlich zum titelgebenden Angelpunkt dieser Trilogie ihrer fotohistorischen Reflexion gewählt wurde.

Wie in den ersten Bänden haben wir uns vorgenommen, auch diese Epoche der Stadtgeschichte möglichst klischeefrei mit vor allem erzählerischen Fotografien darzustellen, die häufig eine größere Wirklichkeitssättigung und Wahrhaftigkeit mit sich führen als künstlerisch ambitionierte ›Lichtbilder‹. Natürlich berichten praktisch alle Schreiber und Fotografen, die Köln während des Kriegs und unmittelbar danach thematisieren, von der Stadtzerstörung; sie war zu ungeheuerlich, als dass man sie nicht hätte behandeln müssen. In unserer Imagination totalisieren sich diese Eindrücke jedoch über ihr realistisches Maß. Die Zerstörung betraf in erster Linie die Innenstadt, hier vor allem die Altstadt und extrem das Griechenmarktviertel, kulturelle und zivile Bauten: Kirchen, Museen und Theater, Schulen und Krankenhäuser, weniger die Neustadt, die Außenbezirke und in nennenswert geringerem Maß die umliegenden Industrieanlagen. So kam die Industrie nach dem Krieg erstaunlich schnell wieder in Gang, und was die Wohnbebauung betrifft, brauchen wir ja nur durch die Stadt zu gehen. Wann ist ein Haus zerstört? Wo immer wir Gründerzeitbauten, Jugend- und Bauhausstil- oder 30er-Jahre-Bebauung sehen, waren Wohnungen möglicherweise wegen eingestürzter Dächer und Zwischendecken vorübergehend unbewohnbar geworden, die Schäden aber dennoch reparierbar (wobei die erhaltenen Vorkriegsbauten an ihrer Struktur zu erkennen sind und nicht von später vielfach abgewandelten Fassadenverkleidungen auf Neubauten geschlossen werden darf). Hätten sich die Fotografen also – bildlich gesprochen – umgedreht, hätten sie auch die Viertel der Neustadt und der weiteren Eingemeindungen fotografiert – Niehl, Riehl, Mauenheim, Agnesviertel, Belgisches Viertel, Müngersdorf, Sülz, Klettenberg, Zollstock, Südliche Neustadt, Bayenthal, Buchforst, Vingst, Poll und selbst Nippes, Ehrenfeld oder Deutz –, böte sich uns heute ein realistischeres Bild. Aber diese Ansichten waren ja vergleichsweise harmlos, nicht neu oder ungewöhnlich, somit für das aktuelle Interesse nicht informativ, nicht kriegsbedingt und nicht sensationell ...

Stadtfotografie im Krieg und danach

Bis 1944 wurden linientreue Fotografen von der NSDAP beauftragt, Kriegsschäden zu dokumentieren, um nach dem »Endsieg« Beweismittel für Reparationsforderungen in den Händen zu halten. In Köln gelangen dem Brandmeister Erich Behnke zudem vielfältige Aufnahmen, anhand deren man sich wohl eine effektivere Schadensbekämpfung erhoffte. Für die Allgemeinheit war das Fotografieren der mehr und mehr zerstörten Städte zwar nicht direkt verboten, konnte aber unter dem Vorwand der »Wehrkraftzersetzung« willkürlich unterbunden werden. Lichtstarke Objektive und die Leica-Kleinbildkamera hatten die Fotografie derart vereinfacht und beschleunigt, dass sie inzwischen sogar mit wenig Licht und versteckt zu praktizieren war. Einige Fotografen, zum Beispiel Hermann Claasen und Peter Fischer wie auch einige Amateure, setzten sich derart ausgerüstet über alle Gefahren hinweg. Sie fotografierten nicht nur die Schäden tags oder Tage danach, sondern sogar während der feindlichen Angriffe nachts; die Dokumentation der Ereignisse war ihnen wichtiger als die Furcht vor Sanktionen. Vor allem dürfte die Gefahr, bei einer Fotosession in einem oberen Stockwerk selbst Bombenopfer zu werden, größer gewesen sein, als von der Geheimen Staatspolizei gefasst oder von missgünstigen Nachbarn verdächtigt und denunziert zu werden; es ist ja keinesfalls vorhersehbar, dass eine Bombe das Nachbarhaus und nicht das eigene trifft. Grundsätzlich fällt auf, dass sowohl seitens der Fotografen als auch von den betroffenen Personen die Schäden anfangs nur mit ungläubigem Staunen, später mit wachsender Empörung oder trotzigem Nicht-wahrhaben-Wollen und gegen Ende des Kriegs offenbar in fassungsloser Resignation wahrgenommen wurden.

Treibendes Motiv war zweifellos, dass die einstürzenden und eingestürzten Häuser *das* Sensationsthema waren. Auch wenn es zynisch klingt: Hier verbanden sich Krieg, Dramatik, Zerstörung, Verlust, Leid, Aktion und Gefahr zu einem spektakulären Ereignis, das gerade anhand einer alten, gewachsenen und kulturell angesehenen Stadt wie Köln auf großes Interesse als Zeitdokument stoßen musste.

Dagegen finden sich Bilder des Alltags im Krieg viel seltener. So realistisch sie sein mögen, wirken sie neben den maßlosen Zerstörungen merkwürdig deplatziert und verklärend, sie unterscheiden sich in ihren Bildinhalten ja kaum von Fotografien aus Friedenszeiten, ihre Bedeutung wird durch die Ereignisse außerhalb des Bildausschnitts geschaffen. Dieses Umfeld muss jeweils mitgedacht werden, um ihre Besonderheit und Qualität zu ermessen.

Wie die allgemeine historische Forschung sich auf erhaltene Archivalien stützen muss, kann die Fotogeschichte nur Bilddokumente berücksichtigen, die Menschen ihrer Zeit zu erstellen und zu erhalten für wert befanden. Ihre Lücken sollten allerdings interpretiert werden. Ab September 1941 hatten Juden in der Öffentlichkeit deutlich sichtbar den gelben Stern zu tragen. In Köln scheint diese Stigmatisierung kein Thema der Fotografie gewesen zu sein, jedenfalls haben wir dazu wie auch zu den Wohnungsräumungen im gesamten Stadtgebiet und den Deportationen am Deutzer Bahnhof kein Foto gefunden. Es lässt sich nur noch spekulieren, ob all dies der Mehrheitsbevölkerung peinlich oder keines Bildes wert war, ob die Fotografen wegsahen, gar Rücksicht nahmen oder die Bilder später klammheimlich entsorgten.

In der Nachkriegszeit versäumte es dann kein Kölner Fotograf, der etwas auf sich hielt, die Ruinen der Stadt zu fotografieren: Chargesheimer, Claasen, Dick, Fischer, Hallensleben, Held, Sander, Schmölz, Wundshammer – dazu auswärtige, zum Teil sehr prominente Fotografinnen und Fotografen: Bourke-White, Cartier-Bresson, Flöter, Lauterbach-Baehnisch, Miller, Strache ... Sie alle fotografierten ›das zerstörte Köln‹. Die Stadt bot in weiten Teilen ein so neues, herzzerreißendes Bild, das

»Tragödie einer Stadt«
Eröffnung der Ausstellung mit Fotografien von Hermann Claasen durch Oberbürgermeister Hermann Pünder in der Hahnentorburg. Rechts sitzt das Ehepaar Claasen, im Hintergrund ist der Fotograf Walter Dick zu sehen.
Foto: vermutlich Klaus Claasen (Sohn von Hermann Claasen), 1. November 1947

sie zu einem vielfotografierten Schreckensobjekt und Fanal gegen den Krieg machte. Selbstverständlich wurden für den notdürftigen Verkehr allenthalben – wie auch schon im Krieg zwischen den Bombenangriffen – die Straßen freigeräumt, wurden Leichen beerdigt und Blindgänger entschärft, sodass sich immer wieder das Bild einer zwar zerstörten und weitgehend entleerten, aber merkwürdig aufgeräumten Stadt erhalten hat, gewissermaßen das Bild eines Horror Vacui, das den realen Horror der Vernichtung zuvor samt allen Konsequenzen ins Imaginäre schiebt und dabei immer wieder das verkehrende Bild der deutschen Opferrolle betont.

Viel seltener sind auch in den Nachkriegsjahren die Fotos konkreter Lebensbedingungen. Wir wissen, dass die Entbehrungen nach dem Krieg größer waren als im Krieg selbst, am schlimmsten wohl im Winter 1946/47. Wer aber unfreiwillig hungert und friert, fotografiert sich nicht dabei; es bedarf einer gewissen Lebenssicherheit, um Bilder der Armut oder ›Selfies‹ zu produzieren. Insofern ist es verständlich, dass viele Alltagsszenen aus der unmittelbaren Kölner Nachkriegszeit von Fotografinnen und Fotografen der Siegermächte aufgenommen wurden.

»Die Wahrheit stirbt im Krieg zuerst«, heißt ein häufig zutreffender Gemeinplatz. Damit sind selbstverständlich auch fotografische Zuspitzungen, Nachstellungen und schlichte Fälschungen gemeint. Sie finden sich auch in diesem Buch, mal offensichtlich, mal versteckt. Denn Fotografien entstehen selten nur als Dokumente für die Nachwelt, sondern dienen in erster Linie aktuellen Zwecken wie propagandistischer Ertüchtigung oder Verklärung. Und sie müssen sich in Konkurrenz gegen andere Bilder durchsetzen. Mag sein, dass junge Frauen auch im Krieg am Dom die Tauben fütterten. Aber ist das entsprechende Foto ein belastbares Zeitdokument? Spätestens wenn man ein zweites Foto mit denselben Modellen hinzuzieht, entpuppt sich die Szene als Inszenierung. Und schien zur amerikanischen Einnahme der Kölner Innenstadt am 6. März 1945 tatsächlich die Sonne von einem strahlend blauen Himmel? Andere Fotos zeigen das Gegenteil …

Dass auch die Kölner Geschichte der 1940er-Jahre immer überraschender und widersprüchlicher wird, je länger man bohrt und versucht, alle Klischees über die Zeit beiseitezuschieben, hat uns gefreut und häufig staunen lassen. Dabei haben wir uns auch für diesen Band zu großen Teilen aus überregionalen Archiven bedient, die vielfach Blicke auf die Stadt von außen bieten und es dadurch ermöglichen, Dinge wahrzunehmen, die einheimischen Fotografen offenbar zu vertraut sind, als dass sie für bildwürdig zu erachten wären.

Dank

Unser Dank gebührt in erster Linie wieder den Bildbesitzern für ihre freundliche Unterstützung und Nutzungsgenehmigung: akg-images, Berlin: Katrin Merbach; Archiv Dr. Paul Wolff & Tritschler, Offenburg: Thomas Sommer; Archiv Eisenbahnstiftung: Joachim Bügel; Archiv Karl Hugo Schmölz, Köln: Maurice Cox; Bildagentur für Kunst, Kultur und Geschichte (bpk), Berlin: Jan Böttger, Norbert Ludwig, Bernd Schnarr, Astrid Winde; Bilderbuch Köln: Dr. Frank Warda; Bundesarchiv, Koblenz; Dombauarchiv Köln: Corinna Claus, Christine Di Costanzo, Dr. Klaus Hardering; Double Delta Industries, Inc., Woodbine, USA: Jim Parker; dpa Picture-Alliance: Karin Hellmann; GALERIA Kaufhof GmbH: Dr. Rudolf Schmidt; Geschichtsverein Köln-Kalk: Karl Heinz Fuchs; Getty Images Deutschland, München: Robert Zaigler; Sammlung Barbara und Horst Hahn, Köln; Historisches Archiv der Stadt Köln: Dr. Elisabeth Tharandt; Interfoto, München: Alice Rauch-Wendlinger; Keystone, Zürich: Susanne Lüthy-

Zuber; Kölnarchiv Lambertin: Alexander Lambertin; Kölner Sportgeschichte e. V./Haus des Kölner Sports: Prof. Dr. Manfred Lämmer; Kölnisches Stadtmuseum: Rita Wagner; Kunsthaus Lempertz, Köln: Karl-Sax Feddersen; Laif Agentur für Photos & Reportagen: Rober Kaçi; Landesarchiv Nordrhein-Westfalen, Duisburg: Dr. Matthias Meusch; Landesmusikrat NRW: Dr. Robert von Zahn; Lee Miller Archives, Chiddingly, England: Kerry Negahban; LVR-Landesmuseum Bonn: Dr. Adelheid Komenda; Mediengruppe M. DuMont Schauberg: Dieter Martens; Walter G. Müller, Brühl; Münchner Stadtmuseum: Dr. Ulrich Pohlmann, Dr. Elisabeth Stürmer; National Collection of Aerial Photography, Edinburgh, Schottland: David Buice; NS-Dokumentationszentrum der Stadt Köln: Ibrahim Basalamah, Dr. Werner Jung; RheinEnergie AG: Birgit Becker; Rheinisches Bildarchiv Köln: Dr. Johanna Gummlich-Wagner, Cathleen Walther, Sabrina Walz; SK Stiftung Kultur/Photographische Sammlung: Dr. Jule Schaffer; Stadtmuseum Düsseldorf: Torben Schieben; Stiftung Bundeskanzler-Adenauer-Haus, Bad Honnef: Gabi Büsch; Stiftung Rheinisch-Westfälisches Wirtschaftsarchiv zu Köln: Dorothee Gräfrath, Dr. Ulrich S. Soénius; Stiftung Ruhr Museum, Essen: Dr. Thomas Dupke; Süddeutsche Zeitung Photo, München: Dr. Steffen Bußer; The National Archives and Records Administration, College Park, USA: Holly Reed; Theaterwissenschaftliche Sammlung: Elisa Moll, Johanna Rafalski, Dr. Kerstin Stremmel; Ullstein Bild, Berlin: Martina Landmann; United Archives, Köln: Alexander Wittmann; Yad Vashem Photo Archive, Jerusalem, Israel: Naama Shilo.

Für Hinweise und Unterstützung danken wir: Alligator. Art and Science. Gesellschaft für Kunst, Medien und Forschung e.V.; PD Dr. Frank Bajohr (Institut für Zeitgeschichte, München); Prof. Dr. Richard Bessel (University of York); Dr. Fritz Bilz, Köln; Dr. Carl Dietmar, Köln; Prof. Dr. Jost Dülffer (Universität zu Köln); Prof. Dr. Jürgen Falter, Mainz; Mathias Haentjes, Köln; Dr. Ulrich Helbach (Historisches Archiv des Erzbistums Köln); Dr. Rudolf Herz, München; Dr. Eberhard Illner, Düsseldorf; Dr. Werner Jung (NS-Dokumentationszentrum der Stadt Köln); Dr. Ulrike Jureit (Hamburger Stiftung zur Förderung von Wissenschaft und Kultur); Joachim Klose, Bonn; Prof. Dr. Habbo Knoch (Universität zu Köln); Dr. Marcus Leifeld (Dezernat für Kunst und Kultur der Stadt Köln, Abteilung Provenienzforschung); Bettina Nottebrock (Amt für Statistik der Stadt Köln); Prof. Dr. Bernd-A. Rusinek (Forschungszentrum Jülich); Dr. Ulrich S. Soénius (Stiftung Rheinisch-Westfälisches Wirtschaftsarchiv zu Köln); Prof. Dr. Dietmar Süß (Universität Augsburg); Prof. Dr. Margit Szöllösi-Janze (Ludwig-Maximilians-Universität, München); Yad Vashem, Reference and Information Department, Archives Division, Jerusalem, Israel.

Großer Dank gilt ferner dem Verlags- und Herstellerteam, die sogar noch weit verspätete Ergänzungen und Verbesserungen klaglos mittrugen: Julia Frohnhoff und Christine Odendahl, Produktionsleitung (Greven Verlag Köln); Aiko Wolter, Bild- und Rechtebeschaffung, Köln; Thomas Volmert, Lektorat, Köln; Thomas Neuhaus, Gestaltung, Billerbeck; Abija de Nève, Lars Scharrenbroich und Reinhold Tiefenbacher, Bildbearbeitung (Farbo Prepress, Köln).

Der Krieg ist nun seit über siebzig Jahren vorbei. Rechnet man Ex-Jugoslawien nicht hinzu, erfreute sich Mitteleuropa eines so langen Friedens zuletzt im 9. Jahrhundert. Zu danken ist er der europäischen Integration, der Begrenzung nationaler, religiöser und ideologischer Ansprüche – und der Geistesgegenwart des sowjetischen Oberstleutnant Stanislaw Petrow, der 1983 einen von Computersystemen fälschlich verlangten atomaren Gegenschlag unterband. Wir sollten daran denken, wenn wieder nationale Vorrechte beansprucht werden.

Reinhard Matz / Wolfgang Vollmer   August 2016

Nach einem Luftangriff
werden die Schäden begutachtet, Fensteröffnungen ohne Glas und Rahmen.
Foto: Erich Behnke, um 1943

Alltag und Zerstörung: Köln im Krieg [1940 – 1945]

Als der Zweite Weltkrieg am 10. Mai 1940 durch den Einmarsch deutscher Truppen in Holland, Belgien und Luxemburg auch im Westen begann, war Deutschland bereits seit dem 1. September 1939 im Kriegszustand.

Unterstützt wurde der »Ausfall« nach Westen von Fliegerstaffeln, die von Kölner Flughäfen in Ostheim und am Butzweilerhof starteten. Zuvor hatte die Mehrheit der Stadtbewohner acht Monate lang ihren geruhsamen Alltag mit den üblichen Festen weitergelebt. Zwar waren auch Kölner am Polenfeldzug beteiligt, der aber war als »Blitzkrieg« nach 36 Tagen vorbei. Zwar gab es Lebensmittel, Kleidung und andere Gebrauchsgüter nur noch gegen Bezugsscheine zu kaufen, aber Weihnachten wurde ebenso gefeiert wie Ostern und der Karneval. Zwar musste nachts zur Tarnung die Verdunkelung eingehalten werden, aber die Kölner vergnügten sich ausgiebig im Kino, im Theater, in der Oper und den vielen Cafés der Stadt. Zwar wurde die für 1940 geplante und bereits groß beworbene »Internationale Verkehrsausstellung« abgesagt, mit der an die Erfolge der »Pressa« angeknüpft werden sollte, aber Museen und Kunstausstellungen fanden bis in den Sommer 1944 großen Zulauf. Die Kriegserklärungen Englands und Frankreichs nach dem Überfall auf Polen hatten zunächst keine militärischen Konsequenzen.

Jedoch bereits drei Tage nach dem Kriegsbeginn im Westen, am 13. Mai 1940 zwischen 0:30 und 0:55 Uhr, warfen britische Flieger genau drei Sprengbomben, verteilt auf Bayenthal, den Rheinauhafen und die Südbrücke. Die ›Mitteilung‹ hieß: Wir können von Anfang an deutsches Kerngebiet erreichen! Drei Tage später traf Köln ein weiterer Angriff, diesmal starb ein Mann durch einen Bombensplitter. Der nächste etwas größere Angriff war am 18. Juni, und es wurden bereits Ziele der Innenstadt getroffen, wobei sechs Menschen starben. Bis Ende August wurden bereits 20 Angriffe gegen Köln geflogen, aber nur der am 2. August scheint nennenswerte Schäden im heutigen Weidenpesch verursacht zu haben.

So existenziell bedrohlich Luftangriffe für die einzelnen Betroffenen sein mochten, eine möglichst rasche und systematische Bekämpfung des feindlichen Kriegspotenzials kann man das nicht nennen. Im Sommer 1940 wollten die Briten Stärke demonstrieren, aber keinen Angriff auf ihr Land provozieren, schon weil die Royal Air Force der deutschen Luftwaffe noch weit unterlegen war; die Briten bedurften mengenmäßiger wie technologischer Aufrüstung, um massive und zielgenauere Angriffe gegen deutsche Städte fliegen zu können. Und die deutsche Seite hatte nach der Einnahme der Beneluxstaaten zunächst die Besetzung des größten Teils Frankreichs abzusichern. Bis Ende 1941 zählten die Kölner dann allerdings schon 100 britische Fliegerangriffe, einer der schwereren am 1./2. März 1941 kostete 21 Menschen das Leben, am 13. Mai wurden erstmals Phosphorbrandbomben geworfen ...

Fliegeralarme nervten die Kölner fast fünfmal so häufig wie tatsächliche Angriffe, weil die Stadt unter der Einflugschneise ins Ruhrgebiet und in weitere Reichsgebiete lag. Und bei jedem Alarm hatte man mit den Kindern tunlichst in die Keller, Bunker und Luftschutzräume zu eilen. Man wusste ja nie ... Noch aber waren all diese Schäden für die Mehrheitsdeutschen nur der Preis für den bald zu erringenden überlegenen Sieg. Die waffenlose Eingliederung von Österreich und der Tschechei sowie die »Blitz«erfolge des verehrten Führers und nun auch noch genial erscheinenden Feldherrn in Polen, in Dänemark und Norwegen, in den Niederlanden, Belgien, Luxemburg und Frankreich untermauerten die Vorstellung der deutschen Mehrheit, endlich die Rolle nationaler Überlegenheit auszufüllen, die ihr im Ersten Weltkrieg versagt geblieben war, aber nun seit Jahren versprochen wurde. Die Revanche für 1918 und die Demütigungen des Versailler Vertrags schien zum Greifen nah. Gespannt, heißt es vielfach, verfolgten die Kölner das Kriegsgeschehen. Zu Recht, denn bislang war das alles erst ein Vorgeplänkel dessen, was folgen sollte.

Es darf zur Beurteilung nicht verschwiegen werden, dass die deutsche Luftwaffe bereits im September 1939 mit 1200 Flugzeugen Warschau bombardiert hatte. Die Angriffe und die Belagerung der Stadt kosteten über 30 000 Polen das Leben, das sind mehr Opfer, als der gesamte Krieg in Berlin, Dresden oder Köln gefordert hat. In Rotterdam starben allein am 14. Mai 1940 durch deutsches Luftbombardement über 800 Menschen, 80 000 wurden über Nacht obdachlos. Und am 12. August 1940 begann die erste große Luftschlacht des Zweiten Weltkriegs – über England. Die deutsche Luftwaffe spielte ihre Überlegenheit aus, um England zur Kapitulation zu zwingen, seine Invasion vorzubereiten oder es wenigstens zur Neutralität zu bewegen. Hauptziel war London – dort starben 20 000 Menschen –, aber dann auch Industriestädte wie Birmingham, Coventry, Liverpool, Manchester und viele andere, später auch kulturell bedeutende Orte. Laut deutscher Propaganda wurden in England Rüstungsbetriebe, Industrie- und Gleisanlagen getroffen. Unerwähnt blieb, dass insgesamt 43 000 Menschen starben – um nur die Todesopfer zu nennen. Die deutschen Luftangriffe dauerten neun Monate, bis zum Mai 1941, dennoch wurde keines der drei Kriegsziele erreicht. Der Kampf um England war Hitlers erste Niederlage. Danach wurden die Kräfte für den Überfall auf die Sowjetunion im Osten konzentriert – und erst dann konnte sich England in aller Eile für die Großangriffe gegen Deutschland rüsten.

Dass während der großen, europaweiten Aktivitäten im Mai 1940 über 2500 Sinti und Roma aus ganz Westdeutschland, davon knapp 1000 aus dem Kölner Raum, auf dem Deutzer Messegelände gesammelt und gen Osten deportiert wurden, fiel offenbar nicht weiter auf. Die Aktion war nicht geheim, fand aber auch kein publizistisches Echo. Ab Oktober 1941 schließlich wurden die verbliebenen 8000 ohnehin längst entrechteten Juden von Deutz-Tief aus in Güterzügen zu den Mordlagern im Osten verschleppt. Da große Teile der Kölner Juden zuvor in sogenannten Judenhäusern sowie dem Müngersdorfer Fort V kaserniert worden waren und die Mehrheitsdeutschen durch deren Enteignung Nutznießer der Vertreibung wurden, blieben nennenswerte Reaktionen aus.

In Köln hatten alle verfügbaren Helfer – Frauen, Freigestellte, Zwangsarbeiterinnen und Zwangsarbeiter – nach jedem Angriff so schnell wie möglich die Trümmer beiseitezuräumen, weshalb wir auf Fotografien immer wieder merkwürdig aufgeräumte Straßen zwischen ausgebombten Häusern sehen, von denen häufig nur die

Adolf Hitler bei seinem letzten Besuch in Köln
am 30. März 1938 auf dem Balkon des Dom-Hotels,
Fotograf unbekannt

Brand- und Außenmauern stehen geblieben waren. Auch wurden Industrieanlagen – vielfach kriegswichtige Betriebe – nach Beschädigungen schnell wieder instand gesetzt, sodass sie recht bald weiterproduzieren konnten, sofern die Produktion überhaupt unterbrochen werden musste. Zum Teil wurden die Anlagen auch ins Hinterland gebracht, um in versteckter Abgeschiedenheit die Produktion zu sichern. Auch Museums- und Kirchenschätze wurden in ländliche Gebiete verbracht oder in Bunkern eingelagert. Den Sicherungsmaßnahmen des Krieges sind sogar kulturhistorische Funde erster Güte zu verdanken: Im Mai 1941 entdeckten Bauarbeiter bei Ausschachtarbeiten für einen Luftschutzbunker südlich des Domchors die Reste einer römischen Villa mit dem gut erhaltenen Dionysosmosaik aus dem 3. Jahrhundert. Und neben den vielfältigen Reparaturarbeiten gab es sogar Fertigstellungen von Neubauten wie etwa 1940 der Großmarkthalle in Raderberg oder im Oktober 1941 der Rodenkirchener Autobahnbrücke; man darf an schnellere Truppentransporte denken ...

Am Abend des 30. Mai 1942 gab man »Wiener Blut« an der Kölner Oper und im Schauspielhaus Goethes »Clavigo«, während das Millowitsch-Theater annoncierte: »Wir spielen jetzt für die Wehrmacht. Theater geschlossen, Wiederbeginn 5. September 1942«. Im Ufa-Palast lief der Film »Zwischen Himmel und Erde« mit Werner Krauß und Gisela Uhlen, im Gloria bereits in der neunten Woche »Frauen sind doch bessere Diplomaten«, »der große deutsche Farbfilmerfolg« mit Marika Rökk und Willy Fritsch ... Es war Samstag, ein sonniger Frühlingsabend, der letzte Luftangriff war bereits fünf Wochen her, und so gingen die Kölner und Kölnerinnen leicht gestimmt nach Hause, um in der Nacht den bis dahin massivsten Schlag gegen Deutschland zu erleben. Dass über 1000 Bomber beteiligt waren, erfuhren die Kölner später durch abgeworfene englische Flugblätter. Ursprünglich sollte das Bombardement Hamburg gelten, aber aufgrund des schlechten Wetters dort lenkte das britische Oberkommando die Flieger nach Köln. In fast drei Stunden wurden 1459 Tonnen Spreng- und Brandbomben über der Innenstadt abgeworfen. 3330 Häuser galten danach als zerstört, fast 10 000 als schwer bis schwerstens beschädigt, an die 500 Menschen starben, 5000 wurden schwer verletzt und 45 000 Kölner verloren nahezu all ihren Besitz und waren über Nacht obdachlos.

Bis Oktober 1942 befand sich Deutschland allerdings noch immer auf der Siegerstraße und hatte das größte Gebiet seiner Geschichte besetzt. Aber es waren keine Blitz- und Jubelsiege mehr, mit denen sich Volk und Führer gegenseitig aufputschten. Ende 1941, als die Angriffe in den eisigen Weiten Russlands ins Stocken gerieten und die USA in den Krieg eintraten, begann das Vertrauen in den Führer zu wanken. Die »deutschen Verluste hatten sich in beunruhigender Weise gesteigert; materielle Einschränkungen an der ›Heimatfront‹ begannen weh zu tun; und das Ende des Krieges war nirgends in Sicht« (Ian Kershaw). Der Führermythos hatte noch Bestand, aber mit dem zähen Ringen an der Ostfront im Winter 1941/42 verlor er unwiederbringlich an Glanz.

DIE SCHWERSTEN ANGRIFFE DER LUFTWAFFE VON DER R.A.F. WEIT ÜBERBOTEN

Mehr als 1000 Bomber auf einmal eingesetzt

IN der Nacht vom 30. Mai griff die Royal Air Force Köln mit weit über 1000 Flugzeugen an. Der Angriff wurde auf anderthalb Stunden zusammengedrängt. Der deutsche Sicherheits- und Abwehrdienst war der Wucht des Angriffs nicht gewachsen.

Premierminister Churchill sagte in seiner Botschaft an den Oberbefehlshaber des britischen Bomberkommandos am 31. Mai:

„Dieser Beweis der wachsenden Stärke der britischen Luftmacht ist auch das Sturmzeichen für die Dinge, die von nun an eine deutsche Stadt nach der andern zu erwarten hat."

Zwei Nächte darauf griff die Royal Air Force das Ruhrgebiet mit über 1000 Maschinen an.

Die Offensive der Royal Air Force in ihrer neuen Form hat begonnen

G. 31

Über Köln abgeworfenes englisches Flugblatt informiert über die Stärke des Angriffs vom 30. Mai 1942.

Es ist ja nicht so, dass die Kölner bis dahin mehrheitlich gegen den Führer eingestellt gewesen wären – hier sollten Adenauer und Böll in der moralischen Verteidigung ihrer Heimatstadt später mehr oder weniger bewusst irren. Hitler selbst erinnerte sich gerne an die Begeisterung der Kölner anlässlich seines letzten Besuchs vor dem Krieg, »bei dem ihm mehrere Hunderttausend die größten Ovationen seines Lebens vor dem Hotel gebracht hätten. Vor Freude über sein Erscheinen habe die ganze Menge jedes Mal bei seinem Betreten des Dom-Hotel-Balkons geschunkelt«. In diesem Tischgespräch Ende März 1942 gibt er dann noch zum Besten, »Landschaft, Klima und Wein hätten den Kölner ja überhaupt zu einem liebenswürdigen Menschen gemacht [...] Das Schönste aber sei der Gesang des Kölner Männergesangvereins [...] Und als er, Hitler, die Rheinlandhalle dann verlassen habe, hätten sämtliche Kölner Glocken geläutet. Wunderbar ...« Nein, die mehrheitliche Zustimmung zu Hitlers Politik war noch nicht zerbrochen. Man erträumte ein ›Germania‹ vom Atlantik bis zum Ural und vom Nordkap bis Kreta, aber der Preis dafür zog merklich an.

Von rund 770 000 Menschen bei Kriegsanfang lebten im Juni 1942 noch immer 621 000 in der Stadt. Der Krieg sollte noch fast drei Jahre andauern, doch Köln hatte für die folgenden acht Monate noch einmal relative Ruhe. Die Royal Air Force glaubte Köln bereits am Boden, andere Ergebnisse brachte offenbar erst eine spätere Luftaufklärung. Dann allerdings war die Stadt für die in England startenden Flieger neben dem Ruhrgebiet die nächstliegende deutsche Großstadt, die mit einem neu entwickelten Leitsystem gerade noch erreicht werden konnte. Drei große Luftangriffe trafen Köln im Februar 1943, weitere besonders schwere wurden am 29. Juni 1943 und kurz darauf am 4. und 9. Juli geflogen, immer nachts, ersterer – nach dem katholischen Feiertag von deutscher Seite »Peter und Paul« genannt – mit über 600 Flugzeugen, deren Bombenlast die des 1000-Bomber-Angriffs ein Jahr zuvor bei Weitem überstieg. In diesen drei Nächten starben über 5000 Kölner und 350 000 verloren ihre Wohnung. Dennoch lebten hier noch 560 000 Menschen; sie kamen großenteils bei Verwandten, Bekannten und in »Auffanglagern« meist außerhalb der Stadt unter.

Wie schon im Ersten Weltkrieg wuchs den Frauen im neuerlichen Krieg ein erweiterter Aufgabenbereich zu. Bis auf wenige Freigestellte waren die wehrfähigen Männer an den Fronten im Einsatz und fehlten zu Hause in der zivilen und militärischen Produktion, der sogenannten Heimatfront. Die plötzlich als Arbeitskräfte umworbenen Frauen schienen aber kein großes Interesse an der Fabrikarbeit zu haben und konnten sich vielfach unter Vorbehalten ihrer Verpflichtung entziehen: Kinder, pflegebedürftige Familienangehörige oder Krankheit. So hatte man früh begonnen, Arbeiter aus den besetzten Gebieten anzuwerben, und, als das verständlicherweise wenig fruchtete, geschweige denn reichte, auch zwangsverpflichtet. Hinzukamen mehr und mehr Kriegsgefangene. Die hingenommene Gefährdung durch mögliche Sabotagen zeigt, wie groß die Lücken gewesen sein müssen.

Frühzeitig hatten die Nationalsozialisten um die notwendig werdende Beschäftigung von Frauen in der Kriegsproduktion gewusst, die damit bei der Kinderbetreuung fehlen würden. Zum Ausgleich hatte die »nationalsozialistische Volkswohlfahrt« vermehrt Kindergärten wie auch Ausbildungsstellen für Kindergärtnerinnen mit dem sekundären Ziel eingerichtet, die Kinder von Anfang an im Sinne des Regimes zu erziehen. Weitsichtig war auch in Köln spätestens 1938 eine »NS-Frauenschule für Volkspflege« eingerichtet worden. Die Erziehung zur Erziehung wirft ein Schlaglicht auf das NS-Familienbild: Ein paralleles Seminar im Süddeutschen warb mit Sätzen wie »Kluge Eltern werden dem Wunsche ihrer Tochter, Kindergärtnerin zu werden, nicht entgegenstehen und sagen: ›Das Mädel wird ja doch einmal heiraten. Wozu erst diese ganze Ausbildung?‹ – Gerade diese Ausbildung und die praktische Arbeit in Kindergärten geben dem Mädel die besten Voraussetzungen für seinen schönsten und vornehmsten Beruf als Hausfrau und Mutter.« Jungen hingegen wurde schon im Alter von fünf Jahren das Marschieren mit Gesang beigebracht: »Nun aufgepaßt, ihr lieben Buben, / es wird jetzt stramm marschiert, / in Reihen angetreten, / der Führer kommandiert. / Die Hände an die Hosen, / den Rücken kerzengrad, / das Bäuchlein eingezogen, / so macht es der Soldat. / Juhei, juhei, juheiraßa, / so macht es der Soldat!«

Unter den Bedingungen eines derart patriarchalisch geprägten Familienbildes dürften viele Frauen ihre Rolle als benötigte Arbeitskraft in der Kriegsproduktion auch als Emanzipation und die Abwesenheit des Mannes neben allen Ängsten und der Extrabelastung als ein Moment von Selbstbestimmung angenommen haben. Dass die Einbindung der Frauen in die Arbeitswelt und entsprechende Mehrbelastungen in Arbeit, Haushalt und Kindererziehung gesellschaftliche Kompetenzen, Verselbstständigung und emanzipative Ansprüche mit sich führten, muss als offenbar nicht vermeidbare, widersprüchliche Entwicklung zur NS-Familienideologie gesehen werden. In den späten 1940er- und frühen 1950er-Jahren drängten die heimkehrenden Männer in ihre angestammten Berufe zurück, während die Frauen sich wieder auf Küche und Kinder konzentrieren sollten. Diese Repression trug zu den spröden Verhältnissen bei, mit denen in der zweiten Hälfte der 1960er-Jahre nur noch gebrochen werden konnte.

Mit dem Kriegseintritt der USA nach dem japanischen Angriff auf Pearl Harbor im Dezember 1941 sollten die Kriegserfolge im Westen langfristig den Alliierten zufallen. Trotz sowjetischen Drängens dauerte es allerdings noch zweieinhalb Jahre, bis zum Sommer 1944, bis die deutschen Besatzer im Westen zurückgedrängt werden konnten. Im Osten kippte die sowjetische Einkesselung der 6. Deutschen Armee in Stalingrad den Krieg endgültig bereits im Winter 1942/43. Während der ›Kessel von Stalingrad‹ im Januar 1943 immer enger wurde und die Rote Armee mit der Einnahme der zwei Flughäfen in deutscher Hand die Versorgung der über 200 000 Wehrmachtssoldaten nahezu unterband, stand am 17. des Monats in der Kölner Oper »Götterdämmerung« auf dem Programm. Aus den Angreifern wurden alsbald Gejagte auf dem Rückzug. Die galt es mit möglichst geringen Mitteln und Verlusten maximal zu schwächen, was seit diesem Krieg zum ersten Mal systematisch durch Luftbombardements versucht wurde.

Zumal im berlinfernen Köln war mit dem schnellen Kriegsglück langsam, aber nachhaltig der euphorische Jubel der Bevölkerung gekippt. Bereits im Laufe des Jahres 1942 lasteten immer mehr Menschen der Kriegsführung den Unwillen oder die Unfähigkeit an, den Krieg ehrenhaft zu beenden. Nicht die nationalsozialistischen Verbrechen und das verursachte Leid in den anderen Ländern unterminierten die Führerverehrung, sondern die wachsende Erfolglosigkeit, das nicht gehaltene Versprechen eines schnellen Sieges und einer greifbaren deutschen Vorherrschaft ließen Hitlers Charisma zerbröseln. Auch sprach und zeigte sich der Führer nach 1942 seltener, igelte sich mehr und mehr in seiner ostpreußischen Wolfsschanze ein, wo er zwei Drittel der Zeit verbrachte, die ihm jene Bunker als Hauptquartier dienten. Selbst nationalsozialistische Funktionäre sprachen nunmehr von Schwierigkeiten, und mit der Zeit fühlte sich die Bevölkerung drangsaliert, benutzt und fremdbestimmt. Unter den nicht endenden Luftangriffen wandelte sich die Konsensdiktatur mit schwindender Siegeszuversicht zu einer Leidensnation. Am Ende sollte die Mehrheit von Tätern, Mitläufern und Jublern zu Verführten mutieren; die leidvolle Opferrolle der Nachkriegszeit war programmiert.

Am Sonntag, dem 25. Juli 1943, überflog die britische Luftaufklärung zum wiederholten Mal das links- und rechtsrheinische Köln, es war ein recht wolkenloser Tag und das gesamte Stadtgebiet konnte minutiös in hoher Auflösung und allen Details fotografiert werden. Man begutachtete die bisherigen Bombererfolge. Die Alliierten wussten spätestens von da an, welche Gebäude und Anlagen noch bestanden und wo genau noch etwas gezielt zu treffen war. Da die Zielgenauigkeit der Bombenabwürfe bei Nacht noch sehr unpräzise war, bevorzugten die Briten Flächenbombardements. Dennoch ist anhand der Schadenskartierung festzustellen, dass die Fliegerangriffe eher dem menschlichen Faktor der Kriegsmaschinerie galten, als auf deren Gerätschaft und die Nachschub liefernden Industrien. Nicht umsonst hieß es in der *Area Bombing Directive* vom 14. Februar 1942 an den Oberbefehlshaber der Royal Air Force, Sir Arthur Harris: »Es ist entschieden worden, dass das vorrangige Ziel Ihrer Operationen auf die Moral der feindlichen Zivilbevölkerung und speziell die der Industriearbeiter konzentriert sein sollte.«

Aber so schnell gaben die Nationalsozialisten den Kampf um die Hirne und Herzen nicht auf. Am 4. und 5. Juli fanden in Merheim Pferderennen statt, unter anderen der in Westdeutschland mit 25 000 Reichsmark höchstdotierte Gerling-Preis. Am 22. August 1942 eröffnete der Kölnische Kunstverein eine Gauausstellung »Unser Köln 1942«, und ab 17. Januar 1943 war im rechtsrheinischen »Haus der rheinischen Heimat« eine große Ausstellung des Bildhauers Arno Breker zu sehen, der zu den bevorzugten Künstlern des Führers zählte. Während in Stalingrad die 6. Armee eingekesselt wurde, feierte Köln um den Jahreswechsel 1942/43 im Sinne eines Kulturaustauschs »Wiener Tage«. Auf der Mosel, der Donau, der Weichsel und auch kleineren Flüssen bot der NS Reichsbund für Leibesübungen Ruderwanderfahrten an. Der Theater- und Kinobetrieb ging weiter. Das beschädigte Ufa-Kino musste in die Universität umziehen, dort eröffnete man am 8. September 1943 mit dem just für 6,6 Millionen Reichsmark fertiggestellten Ufa-Farbfilm »Münchhausen«; es ist die Geschichte einer übernatürlichen Selbstrettung als purer Unterhaltung. Am 30. Januar 1944, zur Feier des elften Jahrestags der nationalsozialistischen Machtübernahme, zog eine musizierende Parade durch die Trümmerlandschaft am Neumarkt. Erst am 7. April 1944 spielte das Gürzenichorchester zum letzten Mal vor Kriegsende im Festhaus der Stadt. Im Mai 1944 wurden Motorrennen auf der Radrennbahn des Kölner Stadions angekündigt. Bis August 1944 zeigte der Kölnische Kunstverein Ausstellungen in seinem Ausweichquartier, dem Stadtarchiv hinter St. Gereon. Noch am 4. Oktober 1944 hielt Reichpropagandaminister Joseph Goebbels in einem Kölner Rüstungsbetrieb eine Durchhalterede. Und erst in diesem Oktober 1944 sollten die Kölner Theater und Kinos den Betrieb einstellen; das Bühnenpersonal wurde umgehend zum Westwall gebracht, um Schutzgräben auszuheben.

Hans Albers als »Baron Münchhausen«
auf einer Kanonenkugel reitend. Der Film in neuer Agfacolor-Technik wurde am 3. März 1943 anlässlich der Feier zum 25-jährigen Bestehen der Ufa uraufgeführt. Bis Ende 1944 hatte er 18,7 Millionen Zuschauer und war damit einer der erfolgreichsten Kinofilme der Zeit des Nationalsozialismus. Werbegrafik 1943

Seit 1939 entwickelten die Deutschen unter Leitung des Physikers und Ingenieurs Wernher von Braun in Peenemünde auf Usedom eine Boden-Boden-Rakete, ihr Name: Aggregat 4. Um den Glauben an den Endsieg zu stärken, kündigte die Nazipropaganda sie bereits ab 1943 an, obwohl unausgereifte Versuche noch viele Fehlstarts mit großen Verlusten verursachten. Erst ab September 1944 wurden 3200 dieser Raketen gegen England, Belgien, Frankreich und die Niederlande eingesetzt und von Propagandaminister Goebbels umgehend in »Vergeltungswaffe 2« (V2) umgetauft. Man rechnet mit noch einmal 8000 Todesopfern, vor allem in London und Antwerpen.

Währenddessen rissen die britischen Luftangriffe nicht ab. Am 3. November 1943 wurden neben südlichen Stadtbezirken das Dom- und das Excelsior-Hotel getroffen. Eine Bombe sprengte ein Loch in den Nordturm des Doms, der einzustürzen drohte, sodass er umgehend von einer Baufirma mit Hilfe von Kölner Handwerkern und Zwangsarbeitern durch 27 500 Ziegelsteine notdürftig gestützt werden musste, eine Ziegelplombe, die nach dem Krieg bis zu ihrer Sandsteinverkleidung im Jahre 2005 als Mahnmal gegen den Krieg verstanden wurde. Am 4. März 1944 griffen erstmals US-amerikanische Fliegerverbände in den Luftkrieg ein; sie kamen mitten am Tag und bombardierten westliche Bezirke, vor allem Ehrenfeld, gefolgt wieder von einem schwereren britischen Angriff in der Nacht von Hitlers Geburtstag am 20. April; 664 Menschen kamen ums Leben, 25 000 wurden obdachlos. Am 28. Mai ereilte Köln wieder ein Tagesangriff, diesmal wurde das Opernhaus getroffen, eine zweite Welle galt den städtischen Gleisanlagen. – Und am 6. Juni 1944 glückte in einem beispiellosen Einsatz von Menschen und Kriegsmaterial die Landung der Alliierten in der Normandie.

Neben der Bedrohung durch die wiederkehrenden Luftangriffe hatte die Bevölkerung auch die beständige Drangsalierung des zunehmend unter dem Druck mangelnden Erfolgs operierenden Regimes zu überstehen. Bemerkungen zum bröckelnden Führerkult, Zweifel an der Linientreue und Konsequenzen aus sich zuspitzenden Alltagserfahrungen führten schnell zu Verdächtigungen, gefolgt von Verhaftungen. Unter der allgemeinen Repression zerbrachen Gemeinschaften, Freundeskreise und selbst Familien, nicht selten sogar durch interne Denunziation. Der amtlich propagierte Satz »Der Feind hört mit« traf weniger zu, als dass die staatstragenden Organisationen vom Blockwart bis zur Geheimen Staatspolizei genau zuhörten, Angst und Schrecken verbreiteten, die mehr und mehr in dumpfes Wohlverhalten mündeten.

Dennoch wollten bislang nur wenige die Stadt verlassen. Wer östlich des Rheins keine Verwandten hatte, zog es vor auszuharren, die bereitgestellten Evakuierungszüge nach Sachsen und Schlesien waren nicht gefüllt oder blieben sogar weitgehend leer. Die Flüchtlinge aus dem Rheinland waren in Mittel- und Ostdeutschland zunehmend als Last empfunden worden und wenig willkommen. Viele, die den Aufrufen gefolgt waren, kehrten sogar reumütig in ihre schwer beschädigte Heimat zurück; die Bombenangriffe wurden noch immer als geringeres Übel empfunden. Die nationalsozialistische Führung brachte diese Entwicklung in einen ideologischen Konflikt: Rettung deutschen Lebens gegen Heimatverbundenheit. So notierte Reichspropagandaminister und Luftkriegsschädenausschuss-Vorsitzender Joseph Goebbels offenbar nach einer Meldung von Gauleiter Josef Grohé, trotz aller Zerstörung »habe der Mann von der Straße das Bedürfnis, dort zu bleiben, und man dürfe diesem Bedürfnis nicht entgegenwirken [...] Denn schließlich und endlich verteidige er ja seine Heimat«.

Entgegen Goebbels' Diktum vom 18. Februar 1943 war der Krieg bis in den Oktober 1944 nie so total, dass nicht auch ›normaler‹ Alltag stattgefunden hätte: Zwischen den Fliegeralarmen spielten Kinder auf der Straße, schulpflichtige Kinder und Jugendliche besuchten weiter die Schule (wenngleich diese vielfach kein Dach und keine

Fenster mehr hatte, auch das Durchschnittsalter der Lehrer merklich erhöht war), Studentinnen gingen weiterhin zur Universität, Hausfrauen erledigten wie üblich die Wäsche, es wurde gekocht und gemeinsam gegessen (auch wenn die Familie meist nicht komplett war), Freundinnen besorgten gemeinsam den durch Lebensmittelkarten rationierten Einkauf oder trafen sich zum Bummeln; von all dem berichten auch Fotografien. Männer bestimmten jetzt freilich in geringerem Maße das Bild der deutschen Städte. Sie waren nicht alle an der Front, als Besatzer führten sie teils bis zu vier Jahre lang ein privilegiertes Leben in Amsterdam, Paris, Athen und Kopenhagen …

Wäre es gelungen, den Krieg im Spätsommer 1944 nach fünf Jahren abzubrechen, muss man in Kenntnis dessen, was der Stadt in den folgenden fünf Monaten widerfahren sollte, zynisch feststellen, dass Köln trotz aller bisherigen Schäden glimpflich davongekommen wäre. Bis Mitte Oktober 1944 waren alle Rheinbrücken intakt, die Rheinschifffahrt, die Post und der Eisenbahnverkehr funktionierten, die wichtigsten städtischen Funktionen konnten zum Teil mehrfach wieder instand gesetzt werden, es gab genügend Lebensmittel und auch große Teile der Kölner (Rüstungs-)Industrie arbeiteten noch immer für den Nachschub.

Doch von nun an dauerten die Luftangriffe auf Köln praktisch bis zur Einnahme der Stadt. Im September 1944 standen die Alliierten bei Aachen bereits auf Reichsgebiet, dann aber kam der Vormarsch nur schwerfällig, verlustreich und viel langsamer als gedacht voran. Dafür wurde das Hinterland in mehreren Angriffswellen noch einmal zermürbt. Am 27. September flogen die Amerikaner einen schweren Angriff: 456 Tote, 570 Verletze und 6500 Obdachlose. Die *Kölner Nachrichten* (eine ›Kriegsgemeinschaft‹ aus *Kölner Stadt-Anzeiger* und *Der Neue Tag*) gaben am 6. Oktober bekannt: Von diesem Angriff »totalgeschädigte Familien […] können sich gegen Sonderausweis eine Flasche Wein (0,7 l) zwischen dem 9. und 21. Oktober abholen.« Am 2., 3., 5., 9., 10., 14., 15., 16., 17., 18., 22., 23., 26. und 28. Oktober wechselten sich britische und amerikanische Luftangriffe auf Köln ab. Allein für den 28. Oktober wurden zwischen 10 und 23 Uhr vier Angriffswellen verzeichnet, und am 30. Oktober kam es dann zum schwersten Luftangriff des Krieges auf Köln, 761 britische Flugzeuge warfen 3937 Tonnen Spreng- und Brandbomben auf die Stadt, tags drauf noch einmal 2383 Tonnen aus 541 Fliegern … Das öffentliche Leben der Stadt erlosch fast komplett, Schulen und die Universität wurden geschlossen, in der Altstadt gab es über den Winter keinen Strom, kein Gas und keinen Straßenbahnverkehr, Post und Telefondienst funktionierten allenfalls notdürftig. 190 000 Kölner verließen die Stadt, 2000 kamen ums Leben, und infolge der Zerstörung von weiteren fast 6000 Häusern wurden noch einmal 63 000 obdachlos. Als letztes Aufgebot wurden 16-Jährige zum Beispiel als Flakhelfer und bis zu 60-Jährige zum »Volkssturm« rekrutiert, um die Wehrmacht bei der ruinösen Verlängerung des nationalsozialistischen Regimes zu unterstützen. »Die Arbeit der Partei, der Stadtverwaltung und Behörden, die gezwungen sind, in Köln zu bleiben«, bekannte der *Westdeutsche Beobachter* am 24. November 1944 kämpferisch, »vollzieht sich in Form und unter Bedingungen, die man nicht mehr als kriegsgemäß bezeichnen kann, sondern als frontmäßig.«

Dennoch war die Geheime Staatspolizei noch so effektiv, dass sie im Oktober 1944 dreiundsechzig Regimegegner verhaftete, darunter neunzehn Jugendliche. Als eine Maßnahme mit abschreckender Wirkung wurden 13 von ihnen am 10. November 1944 am Ehrenfelder Bahnhof öffentlich gehenkt, ohne dass der Exekution ein Gerichtsurteil vorangegangen wäre. 400 Schaulustige sollen der Ermordung beigewohnt haben; im Krieg kennt der zivilisatorische Zerfall keinen Halt. Die Jugendlichen unter den Opfern gehörten zu den überregionalen, aber nur schwach organisierten Gruppierungen, die sich selbst »Edelweißpiraten« nannten und im Rheinland ihre größte

Verbreitung hatten. Zu ihnen gehörten auch geflohene Zwangsarbeiter und KZ-Häftlinge, denen die Gruppe Unterschlupf gewährt hatte. Von diesen waren bereits am 25. Oktober an derselben Stelle elf Polen und Sowjetbürger erhängt worden. Noch am 18. Januar 1945 wurden in Siegburg drei weitere Kölner Edelweißpiraten erschossen.

Am 14. Oktober 1944 brachte der Einsturz der Mülheimer Brücke die Rheinschifffahrt für genau ein Jahr und zwei Tage zum Erliegen. Weitere Luftangriffe zerstörten am 6. Januar die Süd- und am 14. Januar 1945 die Rodenkirchener Autobahnbrücke. Die Hindenburgbrücke zwischen dem Heumarkt und Deutz brach erst am 28. Februar bei Reparaturarbeiten nach einem der letzten Bomberangriffe zusammen und riss mehrere hundert ins Rechtsrheinische Flüchtende in den Tod. Die Hohenzollernbrücke hingegen wurde noch am 6. März 1945 von deutschen Pionieren gesprengt – Stunden, bevor amerikanische Verbände das Kölner Rheinufer erreichten. Am Ende war keine der fünf Kölner Rheinbrücken mehr passierbar, für zehn Wochen war Köln eine geteilte Stadt.

Selbst Heiligabend 1944 wurde die Stadt bombardiert. Am 3., 6., 7., 10., 14., 18., 20., 21. und 28. Januar 1945 bereiteten dann weitere Luftangriffe dem Vormarsch der alliierten Bodentruppen das Feld. In den letzten fünf Monaten des Krieges wurden 18 000 Tonnen Bomben über Köln abgeworfen, mehr als in den fünf Jahren davor. Den letzten Angriff auf Köln flogen die Briten am 2. März, drei Tage vor dem Einmarsch amerikanischer Truppenverbände wurde die Stadt sturmreif gelegt. Noch einmal starben Hunderte Menschen und über 80 000 flohen in den folgenden drei Tagen aus der Stadt. Der Widerstand gegen den amerikanischen Vormarsch war in Köln nur noch gering, vielfach wehten den Soldaten weiße Tücher entgegen, und am Nachmittag des 6. März 1945 erreichten die Amerikaner in der Kölner Innenstadt den Rhein. Ein Vortrupp hatte am Dom ein Schild aufgestellt: »You are now in Cologne, compliments!«

Vom ersten Luftangriff in der Nacht zum 13. Mai 1940 bis zur Einnahme der linksrheinischen Stadt am 6. März 1945 war Köln 1759 Tage im Krieg. In dieser Zeit wurden 1122 zermürbende Luftalarme und 262 Bombenangriffe auf die Stadt registriert. Bei jedem Alarm hatte die Bevölkerung, soweit möglich, Schutzräume aufzusuchen, meist zu nachtschlafender Zeit und nicht selten wiederholt in einer Nacht. All dies war jetzt endlich vorbei. Eine große, dunkle Stille muss über der Stadt gelegen haben. Nun war eine ungewisse Besatzung zu überstehen, und so begrüßten die verbliebenen 10 000 linksrheinischen Kölner die einrückenden amerikanischen Truppen überraschend freundlich.

Filmstill mit einer Standarte
aus einem Propagandafilm mit der Durchhalterede von Joseph Goebbels bei Glanzstoff-Courtaulds in Köln am 4. Oktober 1944, Fotograf unbekannt

Galt die Kölner Innenstadt als zu 90 Prozent zerstört, war es die Gesamtheit der Kölner Wohnbebauung ›nur‹ zu 40 Prozent, 38 Prozent waren zwischen 15 und 60 Prozent beschädigt, und 22 Prozent blieben unversehrt oder waren geringfügig beschädigt. Hingegen haben die industriellen Betriebe Kölns sichtlich weniger erlitten: Nicht einmal sieben Prozent wurden komplett zerstört, fast 50 Prozent lediglich zu elf bis 40 Prozent, und über 20 Prozent waren nur geringfügig oder gar nicht beschädigt. Der relativ geringe Zerstörungsgrad industrieller Produktionsanlagen sollte eine wichtige Rolle im »Wirtschaftswunder« der 1950er-Jahre spielen. – Es ist wenig erbaulich, Todesopfer- und Schadenszahlen zu vergleichen, dennoch sollte festgehalten werden, dass Hamburg fast dreimal so viele und selbst das kleinere Dresden mehr zivile Todesopfer als Köln zu beklagen hatte. Auch für die Gebäudezerstörungen der Darmstädter, Dortmunder, Frankfurter, Hannoveraner, Kasseler und Potsdamer Innenstädte gelten höhere Prozentzahlen als für Köln. Für Kleinstädte wie Jülich, Wesel und Emmerich am Rhein wurden auf das gesamte Stadtgebiet bezogen 97 Prozent Zerstörung errechnet, für Düren sogar über 99 Prozent! Man darf bei all diesen Zahlen und Verlautbarungen allerdings nicht vergessen, dass es sich in der Nachkriegszeit auch um eine Art ›Opferwettstreit‹ der Kommunen handelte, damit möglichst große Teile der Wiederaufbauhilfen in ihre Richtung flössen. Nein, im Hinblick auf Opferzahlen und Schadensprozente wird man Köln trotz vielfacher Behauptung keine Alleinstellung zuschreiben können. Was seine Nachkriegssituation im deutschen Sprachraum einzigartig macht, ist das Ausmaß der Verluste historisch bedeutender Kirchen und profaner Repräsentationsbauten in ihrer originalen oder bauhistorisch gewachsenen Substanz.

Über die beeindruckende Menge an Trümmerschutt als Indiz für das Maß an Zerstörung kursieren recht weit auseinander liegende Zahlen. In einem 1948 erschienenen, ausgesprochen sachlichen »Führer durch Köln« werden 13,5 Millionen Kubikmeter als Schätzung ausgewiesen. »Auf den Neumarkt verbracht«, heißt es dort, »würde hier ein künstlicher Berg von 500 m Höhe entstehen, mehr als dreimal so hoch wie der Dom.« Die Rechnung stimmt, wenn der Berg ohne schräges Gefälle als Quader auf den Neumarkt geschüttet werden könnte, als Kegel wäre er 1500 Meter hoch. – »Statistische Mitteilungen der Stadt Köln« von 1954 nennen hingegen die fortan viel zitierte Zahl von 30 Millionen Kubikmetern Trümmerschutt ... RM

Blick von der Opernterrasse
auf den Schlageter Platz (heute Rudolfplatz),
Foto: Walter Dick, 1939
(vgl. »Köln vor dem Krieg«, S. 221,
und »Köln nach dem Krieg«, S. 57)

Staatl. Lotterie
Germania Brot

Wir warnen!
Einschlagsgeschwindigkeit
von 10 m = 50 km
Stundengeschwindigkeit
Benutzung auf eigene
Gefahr.

Schwimmbad Riehl
1939, Fotograf unbekannt

Messegelände
und ein Turm der Hohenzollernbrücke,
Flora und **Straßenbahn auf der Cäcilienstraße / Ecke Hohe Straße**
Im Hintergrund der Turm von
Klein St. Martin,
Fotos: Jakob Volk, vor 1940

Hohenzollernbrücke
Foto: Alfred Tritschler, 1940

Schleppverband und Freizeitvergnügen auf dem Rhein
Ende der 1930er-Jahre, Fotograf unbekannt

Mütze und Matrosenuniform der »Köln«
Der leichte Kreuzer »Köln« war das dritte Kriegsschiff mit diesem Namen, wurde 1930 erbaut und mehrmals während des Kriegs angegriffen, beschädigt und 1945 in Wilhelmshaven versenkt. Um 1940, Fotograf unbekannt

Hochzeit vor dem Fronteinsatz
September 1940, Fotograf unbekannt

Kaffeerunde am Zoo-Eck in Riehl
Foto: Jakob Volk, vor 1940

Der Bahnhof in Köln-Deutz
Im Vordergrund die Straßenrampe zur Hohenzollernbrücke mit Straßenbahnschienen, vor 1940, Fotograf unbekannt

Souvenirfoto zum Abschied
um 1940, Fotograf unbekannt

IVA

Türme der Hohenzollernbrücke
Im Hintergrund der Messeturm mit der Ankündigung der Internationalen Verkehrsausstellung (IVA),
Foto: Alfred Tritschler, 1940

Luftschutzbunker-Übung
Foto: Theo Felten, 1939

Seite 38/39:
Malakoffturm
an der Einfahrt zum Rheinauhafen,
um 1940, Fotograf unbekannt

Hansasaal des Kölner Rathauses
Zu Beginn des 14. Jahrhunderts wurden in Rathäusern und Amtsstuben Skulpturen der »Neun Helden« aufgestellt, um zu einer »guten Regierung« zu mahnen. Das Kölner Rathaus beherbergt die früheste Darstellung im deutschsprachigen Raum. Überlebensgroße Steinskulpturen in gotischem Fialwerk schmücken an der südlichen Schmalwand den gotischen Prunksaal. Es handelt sich v.l.n.r. um jeweils drei Personen der Antike (v.l.: Alexander der Große, Hektor, Julius Caesar), des Judentums (Judas Makkabäus, David, Josua) und des Christentums (Gottfried von Bouillon, König Artus, Karl der Große).
Seit 1933 verdeckt die Hakenkreuzflagge die mittleren drei Figuren.
Foto: Karl Hugo Schmölz, um 1939
(vgl. S. 186)

Adolf-Hitler-Brücke
an der Stelle der heutigen Rodenkirchener Autobahnbrücke, 1941 nach Plänen von Paul Bonatz und Fritz Leonhard als Teil der A4 fertiggestellt, die Aachen mit Görlitz und Breslau verbinden sollte. Bis 1960 verband die Brücke aber nur die Autobahnen Köln-Bonn und Duisburg-Frankfurt.
Foto: Karl Hugo Schmölz, 1942
(vgl. »Köln vor dem Krieg«, S. 371)

Stollwerck-Betriebsangehörige
bei gemeinsamer Körperertüchtigung,
Fotos: Adalbert Maier, 1940

Abgesperrtes Messegelände
Die für 1940 geplante Internationale Verkehrsausstellung (IVA) wird am 1. September 1939 abgesagt und das Messegelände umzäunt (oben). Schon ab Oktober 1939 internierte die Wehrmacht in den Messehallen polnische Kriegsgefangene, im Mai 1940 französische. Darüber hinaus wurde die Messe als Zwischenlager für Juden sowie Sinti und Roma (unten) genutzt, die von Köln aus nach Polen deportiert wurden. Es fanden Zwangsversteigerungen von jüdischem Eigentum statt, das die Deportierten in ihren Wohnungen zurücklassen mussten. Fotografen unbekannt

Bombentrichter vor dem Brügelmannhaus
in Deutz, Foto: Julius Radermacher, 20. Juni 1940

Bombentreffer
Ungläubiges Staunen im Erker eines Gründerzeithauses,
Foto: Erich Behnke, um 1940 oder kurz danach

Sommer am Stapelhaus
um 1940, Fotograf unbekannt

Irma Brandes
Köln – Stadt am Strom [1940]

Als dieser Text zum ersten Mal erschien, befand sich Deutschland seit etwa einem Jahr im Krieg. Bis 1944 erreichte das kleine illustrierte Büchlein vier Auflagen mit insgesamt 26 000 Exemplaren. Gesetzt sind alle Auflagen in Fraktur, obwohl diese Schrift laut ›Führerbefehl‹ bereits seit Anfang Januar 1941 unerwünscht war. Unter anderem würdigt die Autorin den Ost-West-Durchbruch um den Neumarkt und die Altstadtsanierung, die ihr Ehemann Robert Brandes als Beigeordneter für Bau- und Grundstückswesen verantwortete, bevor er am 20. Juni 1944 der letzte NS-Oberbürgermeister wurde. Im Oktober 1943 schrieb die Autorin für die folgenden, laut Selbstauskunft unveränderten Neuauflagen ein Vorwort, in dem sie auf die »Angriffsnächte« eingeht, in denen »die dunkle Wand aus Rauch und Feuer sich über den Mauern Kölns erhob« und »manchem die Vision des brennenden Roms« aufgestiegen sein mochte. »Der Mann, der Rom anzünden ließ – Nero –, blieb für alle Zeiten mit seiner Tat und ihrem Grauen verbunden. Rom aber stieg schöner und herrlicher denn je aus seinen Trümmern. Soll uns dies Beispiel nicht stärken und trösten?« *– 1950 folgten 4000 weitere Exemplare, nunmehr in Antiqua und um alle Hinweise auf Hitler, den Nationalsozialismus und den Krieg gekürzt. Hier Auszüge aus den ersten beiden Abschnitten der Erstauflage.*

Strom und Ufer

Wenn der Geruch reifer Trauben, auf denen die Sonne brütet, die Luft über dem Mittelrhein leise durchzieht und die zarte Schwermut erster Herbsttage sich in die bunten Winzer- und Kirmesfeste mischt, wenn der feine Dunst, der immer über dem Strom steht, dichter wird und das Licht, vom Nebelgespinst gebrochen, sich auf dem Wasser in schimmernden Farben versprüht, dann zeigt die Stadt ihr eigenstes Gesicht.

Hebt in der nebelfreien Luft des Ostens und des Südens sich ein jedes Ding klar und bedeutsam vom Horizont, so webt der silbrige Schleier am Rhein über alles Irdische eine Hülle, sanft und mild, dass alle Grenzen sich leise verwischen. Übergang ist alles! Die Stadt, gebettet zwischen die lachende Fülle des Mittelrheins und die schwere Weite der niedrigen Stromlandschaft, trägt beides in ihren Zügen: das Lichte des Südens, das ihr der Strom zuführt, und den nebelschattigen Ernst des Nordens, verwebt und eins geworden wie Heiterkeit und stille Trauer in einem Scherzo von Beethoven, dem Sohn dieses Landes.

Sie ist Großstadt und Landschaft zugleich, wie die Städte am Meer. Der Rhein ist ungebrochene Natur; bändigt der Mensch ihn auch, so bleibt er dennoch groß und machtvoll im eigenen Gesetz. Da er mitten durch diese Stadt fließt, dringen seine Kräfte unmittelbar in sie hinein, und seine Stimme ist – wie das Rauschen des Meeres – unüberhörbar, immergegenwärtig allen, die hier leben und gehen.

Aber der Fluss, der schon in frühester Zeit Bollwerk gegen die Fremden, die Römer, und Schicksalsstrom der Ahnen war, die – wie die tiefste Sage der Deutschen erzählt – den Drachen in seinem Berglande töteten, er ist mehr noch als ungebrochene, großartige Natur. Wie die Nibelungen den Hort, Sinnbild ihrer Macht und Größe, in ihn versenkten, so fühlen die Nachkommen geheimnisvolle Kraft aus seinen Fluten steigen. [...]

Der Rhein war der Herzstrom des Reiches, an dem das Geschick des Volkes zuerst und heißer erfühlt wurde; Herzstrom blieb er auch dann, als das Reich zerfiel und er selbst politisch bedeutungslos wurde. An seinen Ufern erkennt der Deutsche von jeher sich selbst und seine Sendung, erlebt hier – tiefer und schwerer als anderswo – den Sinn des Wortes »Heiliges Vaterland«.

Die Stadt, die ihr Schicksal dem Rheine anvertraut hat, sie ist durchtränkt von diesen Mächten des Stromes. »Heiliges Köln« nannte man die »Krone der Städte« am heiligen Fluss, nicht nur weil die Kuppeln der Kirchen sich in seinen Wassern spiegeln, sondern weil des Reiches Leben sich in ihrer Geschichte, in ihren Werken unabwendbar niederschlug, dass aus den Runen ihres Gesichtes der schwere Gang des Reiches abzulesen ist. [...]

Gesicht der Stadt

Wo sich die beiden wichtigen europäischen Verbindungen kreuzen, der Rhein und die Straße, die von Paris über Aachen ins Innere Deutschlands führt, liegt Köln. Seiner Lage an dieser schon im Altertum wichtigsten ostwestlichen Linie und der mit dem Rhein das deutsche Mittelgebirge durchschneidenden Nordsüdstraße, welche die niederländischen Nordseehäfen mit dem Schwarzen Meer und damit England mit Italien verbindet, verdankt die Stadt ihre Bedeutung, die nur einmal, in der deutschen Kleinstaaterei, verloren gehen musste. [...] Heute ist Köln wiederum die große Verkehrsstadt, Knotenpunkt der Eisenbahnlinien Berlin–Paris und London–Wien (Basel); sein Flughafen nennt sich »Luftkreuz des Westens« und die Autobahn bildet mit fünf großen Strecken einen neuen Ring um die Stadt.

Darüber hinaus aber entwickelte sich die alte Handels- und Verkehrsmetropole auch zur mächtigen Industriestätte, deren Wahrzeichen die großen Braunkohlewerke im Westen und das leuchtende Kreuz der chemischen Industrie östlich [sic!] des Stadtgebietes wurden. Ihre Lichter künden des Nachts von weit her die Nähe Kölns, gleich wie am Tage die ragenden Domtürme den Ankommenden grüßen.

Solch neuartiges Wachstum musste sich erst sinnvoll klären, bis die bauliche Einheit, die das Stadtbild einst so vollendet aufwies und die das schnelle Wachstum der letzten Jahrzehnte unterbrach, wieder hergestellt werden kann. [...]

Die Pläne für die kommende Gestalt der Stadt, die der Führer anwies und deren Durchführung schon begonnen hat, geben Beidem ihren Platz: der neuen Industrie- und der alten Handelsstadt. Zugleich wird der Verkehr durch neu zu brechende breite Straßen geführt, die doch nichts Zusammengehörendes zerreißen. Vom Durchgangsverkehr befreit, werden vielmehr von nun an die alten Bezirke ihre engen, stillen Räume, ihren menschlichen Maßstab und ihre wertvollen Bauwerke ungestört erhalten können.

Schon quillt es in der alten Stadt von neuen Kräften. Wo die Hacke einschlägt, öffnen sich Schönheiten in versteckten Winkeln, neue Blicke auf alte Baudenkmäler tun sich auf, dass der Kölner wie auf Abenteuer in seiner erschlossenen Stadt umhergeht.

Suchscheinwerfer am nächtlichen Himmel
Zeitgenössische Postkarte, 1940, Fotograf unbekannt

Der Chor der BDM-Gruppe aus Nippes
Der Bund Deutscher Mädel, der weibliche Zweig der Hitlerjugend, organisierte Mädchen im Alter von 10 bis 18 Jahren und leitete sie im Sinne der NS-Ideologie. Ohne Datum, Fotograf unbekannt

Musikzug der Hitlerjugend am Marsplatz
in militärischer Ordnung, Foto: Erich Behnke, ohne Datum

Mars-Platz

Siegesgewissheit an der Heimatfront
bei der Stollwerck-Weihnachtsfeier 1940, Fotos: Hügen

Stollwerck-Weihnachtsfeier 1940
Wichtelgeschenke für die Kinder der Betriebsangehörigen,
Fotos: Adalbert Maier, Bräuer

Hutmacherinnen
Foto: Ruth Hallensleben, 1941

Frauenarbeit in der Schwerindustrie
um 1942, Fotograf unbekannt

Kinderschwester
der Nationalsozialistischen Volkswohlfahrt (NSV), 30. Mai 1940, Fotograf unbekannt

»Anschlag auf Baku«
Ein 1940/41 in Rumänien gedrehter antibritischer NS-Propagandaspielfilm; Filmszene mit Lotte Koch und René Deltgen als Titel der *Kölnischen Illustrierten Zeitung*. Dem üblichen Bildtypus »Paar« entgegen schaut die Frau in die Ferne und der Mann auf sie. 1941, Fotograf unbekannt

Fröhliche Soldatenrunden
am Rhein und in Rodenkirchen,
1940 oder kurz danach,
Fotografen unbekannt

Weihnachtsfeier in Uniform
im Luftschutzkeller unter einem Hitlerbild,
Foto: Erich Behnke, um 1942

Bombentreffer im Kino in der Herzogstraße
Das »Scala« wurde 1938 als »nationalsozialistischer Musterbetrieb« ausgezeichnet.
Foto: Julius Radermacher, 10. Januar 1941

Trümmerräumung in der Domstraße
1941, Fotograf unbekannt

»Sprengbomben auf die Zivilbevölkerung, Köln-Südpark
In der Nacht zum 2.3.1941 fanden vier Personen den Tod.
Die ganze Inneneinrichtung fiel dem Luftangriff zum Opfer.«
Foto und Text: Julius Radermacher

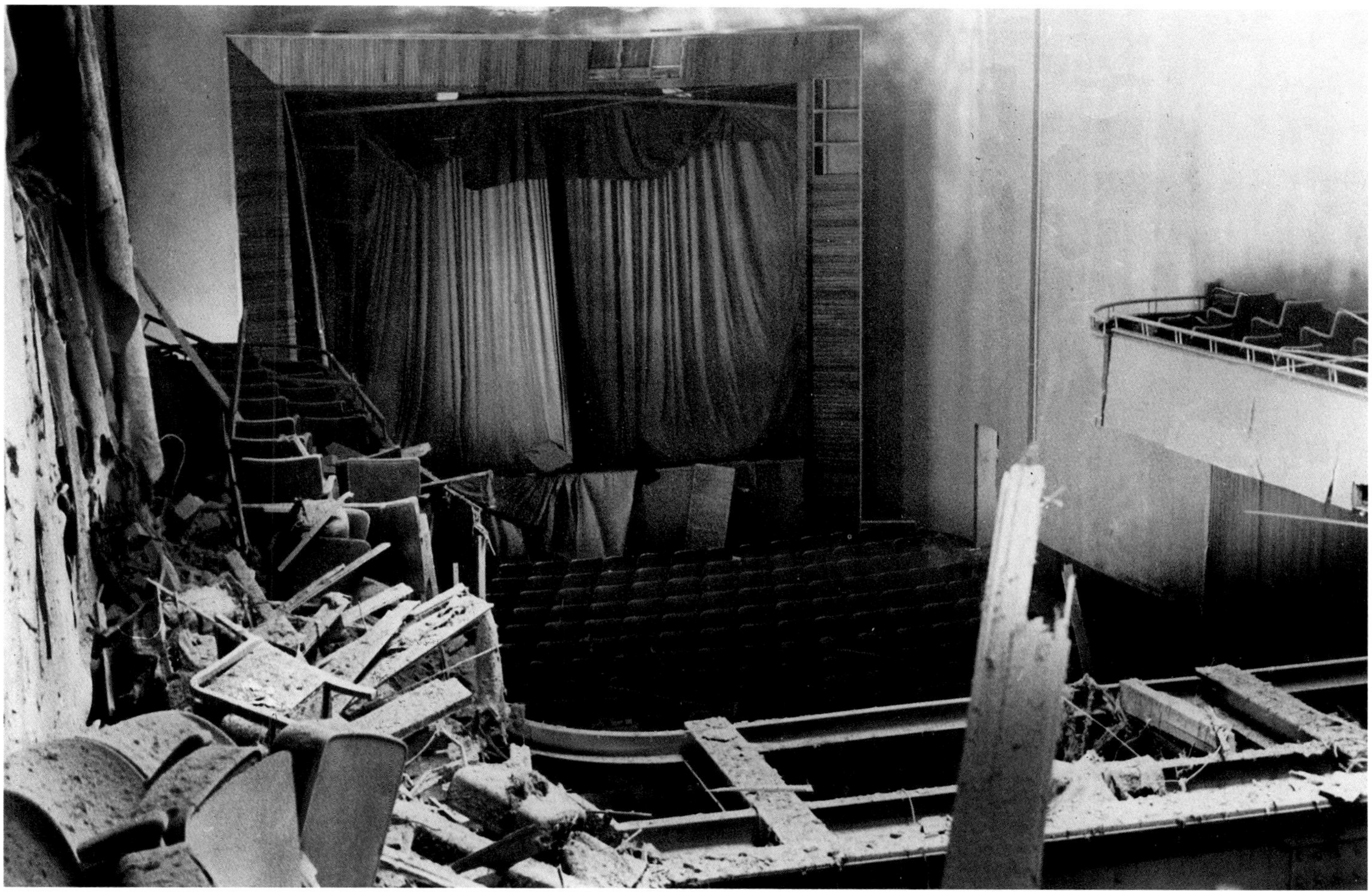

Theo Schorn
Rechtsanwalt
Autoverleih Hagen
Selbstfahrerbetrieb

Ein Feuerwehrmann informiert eine Gruppe von Soldaten
Foto: Erich Behnke, vermutlich 1942

Schlafgelegenheit im Luftschutzraum
um 1942, Fotograf unbekannt

Salierring
11. März 1941, Foto: Julius Radermacher

SUPER
OLEX
Rauchen verboten!

Hochwasser am Rhein
Foto: Erich Behnke, 1942

Zehnjährige aus Köln
üben den Handgranatenwurf im Lager der Kinderlandverschickung
im (deutschsprachigen) Weismes im besetzten belgischen Hohen Venn.
Um 1941, Fotograf unbekannt

Hauptmann Joachim Müncheberg
vom ASV Köln, Eichenlaubträger, als Zehnkämpfer bei den Deutschen Kriegsmeisterschaften der Leichtathletik im Berliner Olympiastadion, 1942, Fotograf unbekannt

Sportliche Kämpfe auf den Rheinwiesen
Foto: Walter Naumann, ohne Datum

Edelweißpiraten
nennen sich auch in Köln die Cliquen von Jugendlichen, die sich dem organisierten NS-Leben bewusst verweigern. Die Geheime Staatspolizei sucht und verfolgt ihre Mitglieder.
Um 1940, Fotograf unbekannt

LÜGENLORD

Schaufensterdekoration des Kaufhof
1940, Fotograf unbekannt

Der englische Premierminister Lord Winston Churchill
als Zielfigur eines »Hau-den-Lukas«, Foto: Erich Behnke, um 1940

Chorpfeilerfiguren im Binnenchor
des Doms unter Sicherheitsverkleidung, das Chorgestühl noch unter Sandsäcken,
die Fenster bereits demontiert, Foto: August Kreyenkamp, 1940

Schutzmaßnahmen im Domchor
Die Monumentalmalereien der Chorschranken aus der ersten Hälfte des 14. Jahrhunderts sind vermauert, die Chorpfeilerfiguren aus der zweiten Hälfte des 13. Jahrhunderts verschalt und mit Brandschutzfolie überzogen. Die Bleiglasfenster aus der Zeit um 1300 und das Chorgestühl von 1310 sind ausgelagert. Foto: Martha Kranz, 1942

Beim Bau eines Luftschutzbunkers
südlich des Doms wird das Dionysos-Mosaik aus der Zeit um 220 n. Chr. entdeckt: (v. l.) der Kulturdezernent, der Oberbürgermeister und der Ausgrabungsleiter. 1940, Fotograf unbekannt

Das »Gemeinschaftslager« am Fort V
in Müngersdorf war eine Sammelstelle für Juden,
die ihre Wohnung verlassen mussten, bevor sie
deportiert wurden. Um 1941, Fotograf unbekannt

Jüdische Mädchen in einem Kölner Waisenhaus
Karin Marmorstein, Fany Lippschütz, Hannelore Akselrad, Sala Goldach, Fany Dominitz und Emmi Matias, 1941, Fotograf unbekannt

Die arische Abstammung
war mindestens bis zu den Großeltern für Beamte und SS-Angehörige nachzuweisen. Parkbank in der Flora, vor 1940, Fotograf unbekannt

Inszeniertes Alltagsleben ohne Männer
am Kölsch Hänneschen Brunnen auf dem Eisenmarkt (vgl. »Köln vor dem Krieg«, S. 313) und am Dom, Fotos: Bernd Lohse, 1941

Lesepause am Rheinufer
Im Hintergrund die Hohenzollernbrücke, deren Turmkappen für Flugabwehrgeschütze umgebaut sind,
Foto: vermutlich Julius Radermacher, um 1942

Herausgedrückte Hauswand
durch Sprengbombe in der Trierer Straße,
Foto: Julius Radermacher, 11. März 1942

Sonniges Ostervergnügen im Stadtwald
1942, Fotograf unbekannt

Matrose der Kriegsmarine
vor der Südseite des Doms,
im Hintergrund der Dombunker,
nach 1941, Fotograf unbekannt

Telefonvermittlung beim Fernamt
Köln-Deutz, 1942, Fotograf unbekannt

Anonym, Westdeutscher Beobachter

»In zwei Minuten sonnengebräunt ...!« ›Kosmetische Neuheit‹ ersetzt Sonne, Luft und Wasser [30. Mai 1942]

In einem Laden, der kosmetische Artikel verkauft, irgendwo in einer Kölner Geschäftsstraße, sahen wir kürzlich ein Präparat, das sich als kosmetische Neuheit anpries und versprach, in zwei Minuten werde man nach seinem Gebrauch sonnenbraun. Tatsächlich färbte sich das Gesicht, wenn man es mit der Kreme einrieb, in kürzester Zeit so, als habe man einige Wochen an der See oder im Gebirge verbracht. Für die merkwürdigen Leute, die es heute immer noch gibt, wenn der Krieg ihre Zahl auch stark dezimiert hat, die da stets etwas vortäuschen wollen, was gar nicht vorhanden ist, Gesundheit, Schönheit, sportliche Frische, für die war diese kosmetische Neuigkeit eine glänzende neue Möglichkeit.

Die Meinung aller gesund empfindenden Menschen über diesen Schwindel erfährt eine öffentliche Bekräftigung durch das Kammergericht, das auf eine merkwürdige Art mit der Sache befasst wurde. Ein Mann, der ebenso geschäftstüchtig war wie der erste Hersteller des künstlichen Bräunungsmittels, machte das Präparat nach und brachte es ebenfalls in den Handel. Der ›Erfinder‹ verklagte ihn, und das Kammergericht entschied:

Schutzwürdig ist nur eine Erfindung, die nutzbringend für die Allgemeinheit ist, und nur eine Ware, die einen wirklichen Wert für die Allgemeinheit darstellt.

Nicht schutzwürdig sind Waren, für die ein wirklicher Bedarf nicht vorliegt, die vielmehr nur einem Modewahnsinn Rechnung tragen und nur deshalb gekauft werden, weil durch eine wirksame Werbung ein Bedarf vorgetäuscht wird. Das Kammergericht verneint für Hautbräunungsmittel das Vorliegen eines wirklichen Bedarfs. Es sei nur eine Vortäuschung, wenn bei der Werbung für Hautbräunungsmittel behauptet werde, dass sie Schönheit, Frische und jugendliches Aussehen in wenigen Minuten erzeugen.

Die Erkenntnis der Heilwirkung der unmittelbaren Sonnenbestrahlung auf den menschlichen Körper, das Hineintragen des Sportgedankens in das deutsche Volk und der auch durch mannigfache körperliche Arbeit bedingte Aufenthalt im Freien bringt es mit sich, dass sich die Haut der so tätigen Menschen bräunt und diese Menschen sich aus der Masse besonders hervorheben. Diese Hautbräunung wurde allmählich bei zahlreichen Menschen zum Selbstzweck. Es wurde modern, eine braune Hautfarbe zu besitzen; diese Braunfärbung zu beschleunigen und zu verstärken war bereits ein Auswuchs.

Der Erfinder hat diese Modetorheit ausgenutzt und ein Mittel erfunden, das ohne jeden Aufenthalt im Freien und ohne jede Mitwirkung der Sonne in kürzester Zeit die menschliche Haut mehr oder weniger braun färbt. Es widerspricht dem gesunden Volksempfinden, wenn jemand durch künstliches Einfärben seines Körpers bei seinen Mitmenschen den Eindruck eines sportgestählten oder von der Sonne gebräunten oder sonst weitgereisten Menschen erwecken will. Das deutsche Volk hat gerade im letzten Menschenalter bei Spiel und Sport die Freude an der natürlichen Schönheit des menschlichen Körpers empfinden gelernt und lehnt alles ab, was die natürliche Schönheit beeinträchtigt. Weite Kreise des deutschen Volkes empfinden einen Widerwillen gegen die Menschen, die sich solcher Hautfärbungsmittel bedienen. Diesem Volksempfinden ist Rechnung zu tragen.

Das wirkliche Recht kommt aus der einheitlichen Wurzel des deutschen Volksempfindens, das bei der Rechtsprechung zu berücksichtigen ist, auch wenn es in der Gesetzgebung noch nicht seinen Niederschlag gefunden hat.

Des weiteren wird ausgeführt, dass der Auffassung entgegengetreten werden müsse, dass jeder mit seinem Körper nach seinem Belieben verfahren könne. Es geht auch nicht an, Modeerscheinungen zu verkleinern und damit abzutun, dass eine solche Modetorheit nur eine vorübergehende Erscheinung sei. Es besteht die Gefahr, dass auch Kreise, die eine solche Modetorheit bisher abgelehnt haben, von dieser dahingehend beeinflusst werden, dass sie ihr gesundes und natürliches Empfinden verlieren.

Der Schnellzug aus Berlin ist in Köln angekommen
Zugführer und Schaffnerin, Foto: Josef Donderer, 1942

Arbeitseinsatz einer Dienstpflichtigen
des Reichsarbeitsdienstes (RAD),
Foto: Julius Radermacher, 1942

des RAD

Köln Hbf.
3

Reisegruppe am Hauptbahnhof
Foto: Josef Donderer, 1942

Edelweißpiraten aus Longerich
Juni 1942, Fotograf unbekannt

Spezialhaus
Persil-gepflegt

MAINZER
KTIEN-
BIER
Dom-Pils
Deutsches Pilsener
Dom-Pils
Deutsches Pilsener
Auf der Ruhr
otel
MAINZER
AKTIEN
BIER

Seilspringen in der Röhrergasse
(oben) und an der Ecke Mörsergasse / Auf der Ruhr (unten),
Fotos: Josef Donderer, Mai 1942

Schaufensterdekoration
eines Kürschnermeisters an der Ecke Seidmachergässchen
(heute Seidmacherinnengässchen) / Unter Käster,
Foto: Erich Behnke, um 1941

Im Verlauf der Nacht zum 31. Mai 1942 fotografiert der Physiker Werner Meyer-Eppler aus seiner Wohnung während des 1000-Bomber-Angriffs in der Mainzer Straße die Wirkung einer Brandbombe in einem Nachbarhaus.
Fotos: Werner Meyer-Eppler

Der 1000-Bomber-Angriff in der Nacht zum 31. Mai 1942

Gut ein Jahr nach Abbruch der Luftangriffe auf England, die in Großbritannien »The Blitz« genannt wurden, demonstrierte die Royal Air Force, dass das Vereinigte Königreich die relative Ruhe massiv zur Aufrüstung genutzt hatte. Während die Wehrmacht ihre Kräfte auf die Eroberung der westlichen Sowjetunion konzentrierte und die Ostgrenze des deutschen Einflussgebiets mit beispielloser Gewalt bis nach Stalingrad und kurz vor Moskau trieb, waren englische Geschwader nun in der Lage, den »Blitz« massiv in westdeutsche Städte zurückzutragen. Der 1000-Bomber-Angriff sollte Hamburg gelten, wurde wegen des Wetters jedoch auf Köln gelenkt. Die Schäden waren erschreckend, blieben aber noch überschaubar gemessen an dem, was durch Effizienzsteigerung der Munition in den folgenden Jahren an Leben, Bauten, Gütern und kulturellen Werken vernichtet werden sollte. Es war nicht der erste Angriff der Luftfahrtgeschichte auf eine Stadt mit mehr als 1000 Flugzeugen, der galt Warschau gut zweieinhalb Jahre zuvor. Und dass es ein »1000-Bomber-Angriff« war, erfuhren die Kölner erst nachträglich durch englische Flugblätter. Der 31. Mai 1942 war ein zeitungsloser Sonntag, so hieß es in der Montagsausgabe vom 1. Juni im Westdeutschen Beobachter *unter der Schlagzeile »Der wahnwitzige Terrorangriff auf Köln. Londons Geständnis: 44 Bomber nicht zurückgekehrt!«:*

[...] Mit dem Terrorangriff in der Nacht zum 31. Mai auf die Zivilbevölkerung Kölns haben die britischen Bomber den letzten Schein, als ob sich ihre Angriffe auf militärische und wehrwirtschaftliche Ziele richteten, endgültig fallen gelassen. Dieser Angriff gleicht in vollem Umfange der Tat eines Wahnsinnigen, der selbst nicht mehr ein noch aus weiß und sich nun in sadistischer Zerstörungswut an wehrlosen, friedlichen Bürgern, Frauen, Greisen und Kindern auslässt. Der Bevölkerung hat sich in allen Kreisen tiefste Empörung und Zorn bemächtigt über diese englische Freveltat. Wenn die Briten glaubten, mit ihrem Terrorangriff Panikstimmung oder eine Zersetzung des Widerstandswillens erreichen zu können, so haben sie damit das Gegenteil erzielt. In den Unterbringungs- und Verpflegungsräumen wurde für die Fliegergeschädigten sofort sowohl von den Stellen der Partei als auch in nachbarschaftlicher Hilfe und von der Stadtverwaltung in ruhiger Gelassenheit nach besten Kräften gesorgt. Die Geschädigten selber, die zum Teil all ihr Hab und Gut verloren haben, bewahren eine bewundernswerte Ruhe und vorbildliche Disziplin. Tiefster Abscheu beseelt die gesamte Bevölkerung vor allem über die bei diesem Angriff in besonderer Deutlichkeit zutage getretene schamlose Zerstörung von Wohlfahrtseinrichtungen, Krankenhäusern und Kirchen. Die Bevölkerung Kölns, die im Verlaufe des Krieges schon so oft ihre vorbildliche Haltung bewiesen hat, hat auch in der Nacht zum 31. Mai aufs neue gezeigt, dass sie im festen Glauben an den Endsieg auch gegen die schwersten Heimsuchungen gewappnet ist und den entschlossenen Willen hat, sich vom Britenterror nicht unterkriegen zu lassen!

Auf Seite 3 wird unter der Überschrift »Von den britischen Kulturschändern vernichtet« »über Entstehung und Wert« der drei getroffenen Kirchen Groß St. Martin, St. Maria im Kapitol und St. Aposteln referiert, und in der Abendausgabe desselben Tages schildert ein langer, mit Wilhelm Linden namentlich gezeichneter Artikel »Eindrücke bei einem Gang durch die zerstörten Wohnviertel«. Sehr ähnlich berichtet die Kölnische Zeitung *am 2. Juni auf Seite 1 – der ersten Ausgabe, die den Angriff ihrerseits reflektiert – unter der Titelzeile »Standhaft«:*

Wenn Churchill geglaubt hat, durch einen Terrorakt, wie ihn der Angriff der englischen Luftwaffe auf die Zivilbevölkerung der Stadt Köln in der Nacht von Samstag auf Sonntag darstellt, auf den Kampf- und Siegeswillen des deutschen Volkes einzuwirken, so hat er seinen vielen Fehlrechnungen eine neue hinzugefügt. Es wäre ihm ein Gang durch die Straßen unserer Stadt nach dieser Nacht zu gönnen. Er würde dann die ruhige Entschlossenheit, die Festigkeit aus den Gesichtern der Menschen haben lesen können. Gewiss, viele hat das Schicksal hart getroffen, und neben den persönlichen Schlägen greift die Zerstörung herrlicher alter Bauten, die in der Kulturgeschichte der Welt in vielem einzig waren, an das Herz der Kölner, die an ihrer Stadt und ihren Schönheiten mit besonderer Liebe hängen. Aber man würde vergebens suchen, wenn man irgendwo Mutlosigkeit oder Verzagtheit nach diesem hemmungslosen Ausbruch feindlicher Zerstörungswut in den Zügen feststellen wollte. Ruhig, beinahe mit Gelassenheit, greifen die Hände zu, ordnen, was zerstört ist, stellen her, was aufzurichten ist, und man sieht und fühlt, der Wille zur Ordnung, der in uns lebt, setzt seine Kraft der Wirkung der Zerstörung entgegen. Stärker als das Schicksal ist dieser Wille, der es unerschüttert trägt. [...]

Gleich in der nächsten Nacht flogen deutsche Fliegerverbände Vergeltungsangriffe. Die identitätsstiftenden Ziele waren die gleichen: Wohnviertel, eine jahrhundertealte Innenstadt und eine der bedeutendsten Kathedralen Englands. Da sah sich der Westdeutsche Beobachter *nach seiner Empörung über die Angriffsziele der Briten in der Morgenzeitung schon in der Abendausgabe desselben Tages zur Rechtfertigung genötigt. In grotesker Verkehrung der geschichtlichen Entwicklung wird unter dem Titel »Churchills Krieg gegen Frauen und Kinder. Der Schuldige des Bombenterrors – Harte und vielfache Vergeltung.« behauptet:*

Wenn die Weltgeschichte, die das Weltgericht ist, später einmal ein endgültiges Urteil über diesen Krieg fällen wird, dann werden zwei schon heute deutlich erkennbare Grundtatsachen hervorleuchten, die – an sich in krassem Gegensatz stehend – Entstehung und Ablauf des gigantischen Ringens entscheidend bestimmen. Anders als im ersten Weltkrieg ist diesmal der Urheber und Anstifter des Krieges vom ersten Tag an eindeutig erkannt und bloßgestellt. Daran haben alle Tarnungsversuche, aller Agitationsrummel, alle Heucheleien und Phrasen nichts ändern können. Der Angreifer ist vor aller Welt öffentlich durch alle seine Handlungen als solcher gekennzeichnet. Der Angreifer England hat den Krieg erklärt, er hat jede einzelne Kriegsausweitung durch seine einzelnen, sattsam bekannten Verbrechen und Überfälle selbst herbeigerufen. Der Angreifer steht ganz ohne Maske da, er hat die Alleinschuld, die Alleinverantwortung. Das ist die eine Grundtatsache. Deutschland steht demgegenüber in der Selbstverteidigung.

Genau umgekehrt wird die Lage allerdings, wenn nur die rein kämpferischen Kriegshandlungen betrachtet werden. In jeder einzelnen Phase des Ringens kommt der wilde, hemmungslose Angreifer sofort in die Hinterhand, wird in die Verteidigung gedrängt, wenn er irgendeine Provokation begeht oder einen neuen Kriegsschauplatz eröffnet. [...]

Blitzschnell wendet sich dann das Blatt. Deutschland antwortet [...] Aber Churchill hat in manchen Dingen ein schwaches Gedächtnis [...] Nun war das stärkste Stück sein neuer wahnwitziger Terrorangriff auf die rheinische Metropole, auf eine der ältesten Kulturstätten Europas mit ihren historischen Bauten und Kunstschätzen, mit ihrer zahlreichen fleißigen und friedlichen Bevölkerung. Nur darin, dass er solche Dinge straflos treiben könnte, hat sich Churchill getäuscht. Sein Maß war wieder einmal voll. Das Blatt wendet sich. Die Warnung hatte der Führer schon vor langen Wochen ausgesprochen. Churchill hat sie wieder in den Wind geschlagen. Jetzt folgen die Vergeltungsangriffe. Blitzschnell, sofort in der nächsten Nacht nach dem Verbrechen an Köln legten die deutschen Kampfflugzeuge den englischen Bischofssitz Canterbury zum größten Teile in Schutt und Asche. [...]

Nach dem alliierten Luftangriff vom 31. Mai 1941 auf Köln
Im Stehen essende Frau vor einem ausbrennenden Geschäft, Fotograf unbekannt

Luftaufnahmen von Rudolfplatz/Hohenzollernring und Neumarkt/Zeppelinstraße (rechts)
am 1. Juni 1942 gegen 17:30 Uhr aus 300 Metern Höhe, Fotografen unbekannt

Gemeinschaftsverpflegung für Fliegergeschädigte
nach dem 1000-Bomber-Angriff, 1942, Fotograf unbekannt

Evakuierung von Schulkindern
in weniger gefährdete Gebiete
mit Bahn, Bus oder Schiff,
1943, Fotograf unbekannt

Aufräumarbeiten in der Remscheider Straße in Kalk
Juni 1942,
Fotograf unbekannt

KZ-Häftlinge
bei Aufräumarbeiten,
Foto: Erich Behnke,
um 1943

Entspannte Runden
beim Wein
Foto: Erich Behnke, um 1942

Zwangsarbeiterinnen aus der Ukraine
1942, Fotograf unbekannt

Vortrag eines BDM-Jungmädels
bei der Stollwerck-Weihnachtsfeier, 1942, Fotograf unbekannt

Gemeinsame Freizeitarbeit
von Stollwerck-Betriebsangehörigen,
Foto: Heribert Menzen, 1942

Zwangsarbeiter
auf dem Gelände der Westwaggon in Deutz
ohne Datum, Fotograf unbekannt

Gerettetes Hab und Gut
nach einem Bombenangriff auf der Straße,
Foto: vermutlich Julius Radermacher, um 1943

Registrierung des Bestandes der ›guten Stube‹
der Ehrenfelder Familie H. Wilhelmi, Fotos: Friedrich Müller, 31. Januar 1943

Registrierung des Schlafzimmers
der Ehrenfelder Familie H. Wilhelmi mit Bettwäsche und
Kleiderschrank, Fotos: Friedrich Müller, 31. Januar 1943

Ruine
Foto: Erich Behnke, um 1943

Skulpturen des Bildhauers Arno Breker
Katalog der am 17. Januar 1943 im Haus der Rheinischen Heimat eröffneten Ausstellung (Originalgröße)

Wilhelm Otto als Siegfried in Wagners Oper
1941, Fotograf unbekannt

Vermutlich Else Bischoff als Elisabeth I. mit Weltkugel
in Schillers »Maria Stuart«, 1943, Fotograf unbekannt

Rauchverhangener Domvorplatz
Foto: Peter Kleu, 1943

Eugen Skasa-Weiß
Ist Köln einsam? [Januar 1943]

Im Dezember 1942/Januar 1943, nach 120 Luftangriffen auf die Stadt, während der Kämpfe um Stalingrad, fanden in Köln »Wiener Tage« statt. Es war eine Art Kulturaustausch in schwieriger Zeit, für den die Oper, mehrere Theater, Ratssäle und der Gürzenich noch immer zur Verfügung standen. Der folgende Text ist als Resümee der Veranstaltungsreihe gedacht, liest sich aber eher als Seelenstärkung der kölnischen Bevölkerung. Es ist der Leitartikel auf Seite 1 in der Abendausgabe des nationalsozialistischen Blattes Westdeutscher Beobachter *vom 15. Januar 1943.*

Berlin wurde stets seines schlagfertigen Witzes willen geschätzt und geachtet unter den deutschen Städten, in Köln war's die unbändige Lebenslust, die von Stadtfremden bald geliebt, bald bemängelt wurde, und der Wiener »Hamur« stand den sprühenden Elementen der beiden Städte an Volkstümlichkeit wahrhaftig nicht nach. Wir müssen uns darüber klar werden, was Humor eigentlich ist. Viele meinen, dass Humor etwas sei, was gerade noch ins Kabarett gehöre. Wenn sie tiefer in die Wortschwingungen des überliefernden Volksmundes zu horchen wüssten, so hörten sie aus der Redensart »seinen Humor nicht verlieren« klar heraus, dass es heißt, seinen Kopf oben zu behalten, wenn in schweren Augenblicken ein Anflug von Humor über das menschliche Herz hinweggeht.

Humor, das befeuchtende, belebende und lebensweckende Elixier der starken Herzen, hat mit verzweifelten Scherzen so wenig zu tun wie mit oberflächlichem Ulk. Er ruht in der Tiefe der Einsamkeit so fest wie in der Weite der Verbundenheit von Mensch zu Mensch. Ein Herz, das gepanzert ist, wird stets humorvoller sein als ein Herz, das haltlos ist; und eine Stadt, die verwundet wurde, hat ein heiliges Recht erworben, über ihre Wunden hinweg zu lächeln.

Die Wunde Kölns ist damit nicht geheilt und nicht vernarbt. Sie bleibt offen bis zu dem Tag, an dem wir richten. Und einsam bleiben wir dabei so wenig wie in den Jahren der Dunkelheit. [...]

Freunde aus Wien: das Wetter war hässlich und launenhaft in diesen Tagen, der geschändete Körper unserer ewigschönen Stadt, der ein Traum aus Stein und Würde war, lag grau in den humorlosesten Tagen des humorlosesten Januar – und trotzdem war die Einsamkeit bei uns nicht beheimatet. Über uns schien die Sonne der Freundschaft.

Ein Mensch, den der Blitz des Schicksals trifft, mag für einige Zeit das dunkle Portal der Einsamkeit durchwandern – er wird darin Erholung finden. Eine Stadt aber würde darin ersticken. Köln hätte den Ruf seiner Lebenskraft sonderbar bewährt, wenn ihm der Geist mit den Gebäuden, der Humor mit der Ordnung seines edlen Stadtplans verloren gegangen wäre: eines Tages wird wohl ein Stadtchronist die erschütternden Worte finden, die nötig sind, um die Phönixseele dieser deutschen Schicksalsstadt am Rhein zu zeichnen, deren Geist stärker war als ihr Leib, die den finsteren Griff der Vereinsamung tränenlos abgewehrt hat. In der gleichen Nacht, in der sie zersprengt werden sollte, schloss sie sich innig zusammen, im gleichen Jahr, in dem sie absterben sollte, kamen zu ihr aus allen Richtungen und Fernen Freunde und Gerüstete.

Und der Gerüstete ist heute der wahre Freund, der Gerüstete gibt mehr als Trost: er gibt Beistand. Wir alle wissen, dass Köln auch heute noch nicht mit leerer Hand die Geschenke derer, die alle Schatten der Einsamkeit aus seinen Mauern bannen, entgegennimmt. [...] Hat eine verwundete Stadt je Köstlicheres gezeigt als ein tränenloses Angesicht mit dem verborgenen Lächeln der Seele, die sich rüstet, weiterzuschaffen, als sei nichts geschehen?

[...] Kultur ist ein Gut, das von Bombensplittern nicht getroffen werden kann. Kultur ruht stets im unsterblichen Raum der Seele. Kultur ist kein Gut, das geschaffen und gehalten werden kann vom materiellen Besitz: Wer möchte dem öffentlichen Spott anheimfallen, dass jene Zahllosen unter uns, die durch die stillen Feste musischer Begegnungen vereint werden, sämtlich von den Bomben verschont wurden? Jeden traf hier der Hammerschlag des Krieges in irgendeiner Weise, hart oder streifend: sein Anspruch, seine Sehnsucht blieben dennoch bestehen. Es ging um Besitz, der von altersher erworben war. Den kann der Ärmste haben und der Reichste nicht, und umgekehrt, er kann ihn haben, genau wie jenen rheinischen Trotz, den Rahmen des geselligen Lebens, den Stil des Auftretens, die Lebensart im Beisammensein von äußeren Schlägen nicht zerbrechen zu lassen.

Es wurden viele Parallelen gezogen zwischen Wien und Köln in diesen Tagen, aber gerade diese scheint uns die entscheidende: die Fähigkeit, den Kopf oben zu behalten, und die Unfähigkeit, die Lebensart zu vernachlässigen, weil die Außenwelt angeschlagen wurde. [...]

Die Patina eines stillen Heldentums liegt über den geschwärzten Steinen der verwundeten Stadt am Rhein.

Der Spuk der Vereinsamung, die Kruste der Erstarrung, die Geste der Resignation: sie konnten hier keine Stätte finden; wir wissen, dass jede deutsche Stadt die gleichen Gefühle der Kameradschaft für die Hansestadt Köln empfindet wie Wien, und für jede deutsche Stadt hegen wir das gleiche Gefühl der Befreundung. In der Kette der Begegnungen, des gegenseitigen Austauschs kultureller und musischer Grüße, die nicht abreißen wird, war Wien ein goldener Ring. Sein Ballett, seine Oper, sein Theater: das war das herzenstiefste Erlebnis Kölns in diesen nachklingenden Wochen. [...]

Kölns Oberbürgermeister hat am Ende des vorletzten Jahres einmal behauptet, dass die Metropole des rheinischen Raumes, die späterhin die Ausstrahlung der endlich weitherzig geöffneten Westländer so herzlich wie die Kostbarkeiten des Südens empfangen wird, zum wahren Mittler und Anreger bestimmt ist, der nach allen Seiten wirkt und fördert. Die Zeit, in der ihr suchender Geist nach West und Ost, Süd und Nord drängt, ist bereits angebrochen.

Das »Trotzdem« schlägt man keinem starken Menschen aus dem Herzen, einer ewigjungen alten Stadt schon gar nicht.

Und diesen Gruß, diese tiefe Selbstgewissheit senden wir Wien zum Abschied: sei er ein neues Anknüpfen zugleich.

Hilfe für einen Luftschutzhelfer
7. Juli 1943, Fotograf unbekannt

Ausweisausgabe an Bombengeschädigte
7. Juli 1943, Fotograf unbekannt

Offizielle Trauerfeier auf dem Alter Markt am 8. Juli 1943
und auf dem Friedhof für die Toten der letzten großen Bombenangriffe,
Fotos: vermutlich Julius Radermacher

Luftaufnahme der englischen Aufklärung
25. Juli 1943, Fotograf unbekannt

Bombentreffer in einer Tankstelle
in Ehrenfeld am 14. Februar 1943, Foto: Julius Radermacher

Blick vom Rathaus
auf den erst teilbeschädigten Turm von Groß St. Martin und das Haus der Rheinischen Heimat in Deutz, Foto: Erich Behnke, um 1943 (vgl. S. 179)

Blick auf St. Peter und St. Cäcilien
Foto: August Kreyenkamp, 1943
(vgl. »Köln vor dem Krieg«, S. 73)

Blick über die Altstadt
auf den teilbeschädigten Turm des Rathauses,
Foto: August Kreyenkamp, 1943

Blick über den Neumarkt auf St. Aposteln
Foto: August Kreyenkamp, 1943 (vgl. S. 182)

Markierungen an Häusern
mit Luftschutzräumen
Foto: Erich Behnke,
ohne Datum

Nachrichten für Verwandte und Freunde
Fotografen unbekannt (links und oben), Weiseler (rechts), 1943

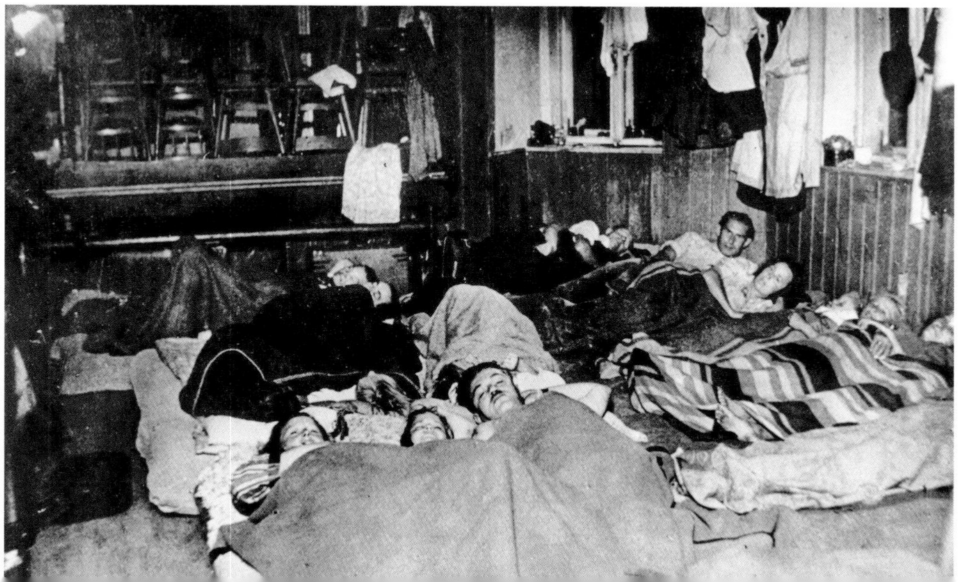

Notunterkunft in einer Gastwirtschaft
Ausgebombte Familien schlafen auf dem Fußboden.
Um 1944, Fotograf unbekannt

Aufräumarbeiten nach dem Bombentreffer
Am Abend des 3. November 1943 schlug gegen 19 Uhr eine Fliegerbombe in den Nordwestpfeiler des Dom-Nordturms ein und riss in rund 10 bis 20 Metern Höhe mehr als 82 Kubikmeter Quadermauerwerk heraus. Bis spätestens März 1944 wurde die Lücke von einer Baufirma unter Mitwirkung von Zwangsarbeitern mit Ziegelsteinen geschlossen.
Foto: Peter Fischer, 1943
(vgl. »Köln nach dem Krieg«, S. 104)

Luftige Kaffeepause
im Café Reichard,
Fotos: Julius Radermacher, 1943

Stollwerck-Weihnachtsfeier
1943, Fotograf unbekannt

Brennende Stadt
Foto: Erich Behnke, um 1943

Notdürftiger Schutz
vor Rauch und Staub nach einem Luftangriff,
1944, Fotograf unbekannt

Suche nach Überlebenden
Foto: Erich Behnke, ohne Datum

HELFT
GEBT
SPINNSTOFF-WÄSCHE-UND KLEIDER=
SAMMLUNG 1944
Wo liegt Dein Luftschutzraum?
RECHTS
LINKS
Auf die richtige Kennzeichnung kommt es an!
DEUTSCHE
LOTTERIE
April 1944
Volksgenossen!
Am Samstag, dem 1. April 1944, von 14 bis 19 Uhr
und Sonntag, dem 2. April 1944, von 8 bis 17 Uhr
werden die Ziegelsteine aus den zerstörten
Häusern geputzt und an Sammelplätzen gestapelt. – Die Steine sind für den Aufbau von
Behelfsheimen bestimmt.
Ich richte hiermit an alle Volksgenossen den Appell,
sich an dieser Aktion zu beteiligen. – Geeignetes Handwerkszeug ist mitzubringen.
Treffpunkt ist die zuständige Ortsgruppe der NSDAP.
Alfons Schaller
enverschläge
Absperrungen
und Sand be

Litfaßsäule
mit Granatsplittern und Aufrufen, zum Beispiel Ziegel aus zerstörten Häusern zum Bau von Behelfsunterkünften zu sammeln,
Foto: Hermann Claasen, Frühjahr 1944

Nach einem Luftangriff vor dem Dombunker
Foto: Hermann Claasen, 1944

Letzte Rettung des Eigentums
Fotos: vermutlich Julius Radermacher, ohne Datum

12

Lösch-, Rettungs- und Räumarbeiten
in der Genter Straße,
Foto: vermutlich Julius Radermacher, um 1944

Obdachlos
nach einem Luftangriff,
Foto: vermutlich Julius Radermacher,
um 1944

Pause bei den Aufräumarbeiten
auf dem Alter Markt, Blick in Richtung Marsplatz,
Foto: Erich Behnke, 30. Juni 1943

Stadt-Anzeiger

Überlebende
Fotos: vermutlich Julius Radermacher, um 1944

Bergung der Toten
Foto: vermutlich Julius Radermacher, 1943/44

Verwüstung
Foto: Benno Wundshammer, 1944

Hohe Straße
Foto: Benno Wundshammer, 1944

Flüchtende
Foto: Benno Wundshammer, 1944

Evakuierung am Rudolfplatz
neben dem Operncafé,
im Hintergrund die Hahnentorburg,
Foto: Benno Wundshammer, 1944

Szenen am Dombunker
Flucht ins Rechtsrheinische,
Fotos: Benno Wundshammer, 1944

Durch Kampf
zum Sieg!

Durch Kampf
zum Sieg!

Getötete Kinder
Fotos: vermutlich Julius Radermacher, um 1944

In der Hüttenstraße in Ehrenfeld wurden elf »Fremdarbeiter« verschiedener Nationalität von der Geheimen Staatspolizei ohne Gerichtsverfahren öffentlich gehenkt. Zur Abschreckung wurden Zwangsarbeiterinnen und Zwangsarbeiter aus Betrieben zum Zuschauen abgeordnet, aber auch Hunderte Schaulustige folgten dem plakatierten Aufruf. Fotos: Georg Schödl, 25. Oktober 1944

Weihnachten 1944
Fotograf unbekannt

Nach der Zerstörung der Mülheimer Brücke
durch Luftangriffe kam der Schiffsverkehr für mehr als ein Jahr zum Erliegen. Im Hintergrund St. Clemens und Liebfrauenkirche in Mülheim,
Foto: vermutlich Julius Radermacher, 14. Oktober 1944

Die Kontrollaufnahme der amerikanischen Luftwaffe
zeigt die zerstörte Hindenburgbrücke und die noch intakte
Hohenzollernbrücke. 2. März 1945, Fotograf unbekannt

Die Aufgabe der Stadt durch die Nationalsozialisten in Zeitungsberichten

Noch am 1. März 1945, fünf Tage bevor amerikanische Infanterieverbände in Köln bis an den Rhein vorstoßen, veröffentlicht der Westdeutsche Beobachter, *die Tageszeitung der Nationalsozialisten, einen Durchhalteappell des Gauleiters Josef Grohé, der versucht, Angst vor Übergriffen der heranrückenden Alliierten zu schüren und damit die letzten Reserven zur Verteidigung der Stadt zu mobilisieren, selbst wenn Köln am Ende bereits potenziell aufgegeben wird. Strukturell folgt der Aufruf einmal mehr dem Muster »Haltet den Dieb!«*

Aufruf des Gauleiters: Gegen den Feind mit allen Mitteln!

Volksgenossen und Volksgenossinnen! Unter Aufbietung großer Material- und Menschenmassen versuchen die westlichen Handlanger des Bolschewismus den deutschen Widerstand zu brechen, um unser Volk – wie sie es oft genug als ihr Ziel ausgesprochen haben – teils auszurotten, teils zu Sklaven zu machen. Die Herrschaft der Minderwertigkeit, des Unrechts und der brutalsten Niedertracht soll über die natürliche Befähigung, das gesunde Lebensrecht und das soziale Wohlergehen unseres Volkes triumphieren. Das ganze deutsche Volk hat sich geschworen, diesem deutlichen Streben unter allen Umständen härtesten Widerstand entgegenzusetzen und niemals müde und feige zu werden im Kampf um sein gottgegebenes Lebensrecht.

Die Sklavenheere des Weltjudentums stehen bereits seit Monaten in einst so schönen Städten und Dörfern unseres Heimatgaues, wo sie, genau wie die im Osten eingedrungenen bolschewistischen Untermenschen, ihrer sadistischen Leidenschaft durch für uns kaum ausdenkbare Quälereien unserer zurückgebliebenen Volksgenossen und Volksgenossinnen frönen.

Seit Tagen stehen sie im Begriff, weitere Gebiete des Reiches und vor allem des Gaues Köln-Aachen unter ihre Gewalt zu bringen. Unsere in jahrelangem feigem Luftterror gegen jedes Völkerrecht und menschliches Sittengesetz in Trümmer gelegten Städte und Dörfer sollen Augenweide für ihre teuflische Gesinnung werden. Volksgenossen, Volksgenossinnen! Nun werden wir unseren ganzen seit Jahren gesammelten Hass gegen die personifizierte Gemeinheit dem Feinde ins Gesicht schleudern, ihn bekämpfen mit allen Mitteln und Waffen, die uns zur Verfügung stehen, und damit erneut ein geschichtliches Zeugnis dafür ablegen, dass uns Deutschen Ehre und Freiheit höher stehen als Existenz in Schande und Sklaverei.

Frauen und Kinder werden, wenn ihr Wohngebiet Kampfgebiet wird, in rückwärtiges Gebiet geführt. Alle wehr- und arbeitsfähigen oder volkssturmpflichtigen Männer aber werden mit der Waffe in der Hand kämpfen oder mit dem Spaten der kämpfenden Truppe dienstbar sein. Wenn hier und da das Vordringen des Feindes nicht verhindert werden kann, dann soll der Feind wenigstens teuer mit Blut und Material bezahlen müssen, ehe er weiterkommt ... Nieder mit dem Feind! Es lebe Deutschland!
Köln, den 28. Februar 1945 / Grohé, Gauleiter und Reichsverteidigungskommissar

War alles umsonst?
fragt einen Tag später die einzige bürgerliche Kölnische Zeitung, *die bis zur Einnahme Kölns erscheinen durfte.*

Näher und näher ist uns der Krieg gerückt, Tag um Tag, mit faszinierender Stetigkeit. Unsere Entgegnung aber hieß, noch härter werden, noch tapferer sein, noch opfervoller unsere Pflicht erfüllen. Es war so, als wüchsen mit der dunklen Flut vielfältiger Bedrohungen auch die menschlichen Kräfte weit über alle nur denkbaren Grenzen hinaus, die Wogen dennoch zu dämmen. Ist es darum in dieser Stunde, da das Ringen um die Einfallstraßen zur Feste Köln mehr und mehr zu ähnlicher Heftigkeit emporlodert wie die Gefahrenherde im Osten, noch als ein negatives Zeichen zu bewerten, als haltloser Defaitismus oder nörglerische Kleingläubigkeit, wenn selbst die Besten, die Ungebrochenen und Gläubigsten unter uns vor dem Dröhnen der Geschütze einen Atemzug lang den Blick zurückwenden und die Frage ausstoßen: Herrgott, sollte all dieses hier umsonst sein? Sollte der Hass triumphieren, wo wir Adel und Arbeit säen wollten? »Das Missgeschick und Unglück, das über uns hereingebrochen ist, ist zwar sehr schmerzhaft, aber bedeutet keinesfalls etwa die Preisgabe unseres Sieges und damit die Auflösung des Reiches und des deutschen Volkes«, so entgegnet Dr. Goebbels in seiner Rundfunkrede zur Lage ... jenen Fragern.

Die Stadt starb einen langen, schweren Tod
Mit diesem Leitartikel, ebenfalls vom 2. März 1945, bereitet der Westdeutsche Beobachter *die verbliebenen Stadtbewohner darauf vor, dass Köln fallen werde beziehungsweise zugunsten der Nation geopfert werden müsse. Es war die letzte Ausgabe dieser Zeitung.*

[...] Der Feind will an den Rhein, der Feind will nach Köln. Er drängt mit der geballten Kraft seines angestauten Materials gegen die Front und gegen unsere heldenhaft kämpfenden Soldaten.
Aber er kann uns jetzt nicht mehr überraschen [...] Seitdem der Feind die deutsche Grenze überschritt, haben wir damit rechnen müssen, dass er auch an Köln herankommen würde. Der Gedanke daran war uns schmerzvoll. Aber – so sagten wir uns – dieser Krieg hat uns schon so manches Opfer gefordert, wir werden auch dies noch bringen, wenn es das Leben der Nation verlangt.

Was hat diese einst so stolze Stadt am Rhein in diesem Kriege schon alles ertragen müssen! Nach den schwungvollen Vormärschen des Jahres 1940 lag sie zwar zunächst weit von den Zonen des Erdkampfes. Aber dafür schlug sie die Geißel des hemmungslosen Luftkrieges mit einer Härte, die für uns alle zunächst unvorstellbar war. Wir haben unsere Gauhauptstadt Monat für Monat mehr in Trümmer sinken sehen. Alles, was uns an ihr lieb war, die Bauten früherer stolzer Jahrhunderte, die prachtvollen Anlagen, die Kunst- und Kulturwerte, die Stätten der Erhebung und der Freude sanken in Schutt und Asche. Die Stadt starb einen langen, schweren Tod. Lebendig aber blieb die Liebe und Treue ihrer Bewohner, die Standhaftigkeit und Tapferkeit derer, denen sie Heimat war [...]

In diesen Tagen werden auch die letzten Reste eines zivilen Betriebes, soweit er nicht den unmittelbarsten Kriegsnotwendigkeiten dient, fortgeräumt. Behörden, die nicht unbedingt arbeiten müssen oder die noch mit Abwicklungsgeschäften beschäftigt waren, schließen ihre Büros, die Männer gehen zum Volkssturm.

Wir werden in der kommenden Zeit noch primitiver leben müssen als bisher, aber wir sind das aus der Zeit schwerster Luftangriffe gewohnt. Hat es heute noch Sinn, denen, die hier nicht gebraucht werden, den Frauen mit Kindern, den alten Leuten, nochmals zu sagen, dass sie die Stadt verlassen müssen? Man wird sich, wenn es ernst wird, nicht mehr um sie kümmern können. Das ist hart, aber jeder, der bisher noch geblieben ist, obwohl er es nicht musste, ist oft genug darauf aufmerksam gemacht worden, in welche Lage er im letzten Ernstfall kommen könnte.

Wir sind keine Propheten und wissen nicht, wie sich die nächsten Tage entwickeln werden. Aber es ist in einer Zeit wie dieser immer gut, auf die härteste Probe gefasst zu sein und sich darauf einzurichten. Wer Einblick in die Tätigkeit der Partei und der Wehrmacht hat, der weiß, mit einer wie großen Tatkraft alles zur Verteidigung Kölns vorbereitet wird. Und wir haben bei den Männern, die nun mit der Panzerfaust, der Handgranate und dem Maschinengewehr als Volkssturm neben bewährten Einheiten der Wehrmacht die Stadt ihrer Väter verteidigen werden, die Stadt, in der sie groß geworden sind oder in der sie Jahre des Friedens und eines glücklichen Lebens verbracht haben, die Ruhe derer gefunden, die wissen, wie ernst und schwer ihre Aufgabe ist, wie groß aber auch ihre Verpflichtung vor der ganzen deutschen Nation.

Verleihung von Auszeichnungen auf dem Heumarkt für Verdienste bei Luftschutzeinsatz, 1945, Fotograf unbekannt (Archivblatt)

Weiße Fahne vor einem Bunker
Sandweg in Bickendorf, 5. März 1945,
Foto: John W. Hines

Offenbar nachgestellte
Einnahme der Innenstadt
im März 1945,
Fotograf unbekannt

Vorrückende US-Infanterie
Fotos: US-Army, 6. März 1945
oder davor

Herrschaft und Hilfe der Siegermächte: Köln vor dem Wiederaufbau [1945 – 1950]

Überlebt. Das war in Köln nicht selbstverständlich. Bei 262 Fliegerangriffen starben über 20 000 Menschen, 40 000 wurden verletzt, weitere 33 000 Kölner fielen an den Kriegsfronten, wurden vermisst oder überlebten die Kriegsgefangenschaft nicht, und 11 000 starben als Verfolgte des eigenen Regimes und seiner Helfer. Einen solchen Krieg zu überleben, setzt Euphorien frei, aber seine Geschichte, seine Bedingungen und Folgen weisen alle Glücksgefühle zurück.

Den verlorenen Krieg mit Schuld überlebt. Anders als nach dem Ersten Weltkrieg, als man über die Verursachung des Krieges zumindest noch diskutieren konnte, die Deutschen aller Parteien sich durch die Friedensbedingungen des Versailler Vertrags geknebelt fühlten und sich maßgebliche Kreise im Mantel einer Dolchstoßlegende versteckten, insgesamt eine Gemengelage, die national-autoritäre Revanchegelüste geradezu nahelegte – anders als gerade einmal 27 Jahre zuvor standen das Verschulden des Zweiten Weltkriegs, dessen Verlauf und Ende 1945 außer Frage. Die meisten Deutschen empfanden sich als verführt. Die Mehrheit sah sich, als Glied einer Befehlskette unter vermeintlich lebensbedrohlichen Bedingungen, individuell nicht schuldig geworden, und schließlich hatte man selbst erhebliche Verluste erlitten, war Geschädigter in einem reduzierten, geschundenen Land – Ausflüchte gab es genug. Aber da waren europaweit mindestens 45 Millionen Kriegstote, allein fast 27 Millionen Sowjetbürger werden heute als realistisch angenommen, davon mehr als die Hälfte Zivilisten. Da waren ethnische ›Säuberungen‹ im gesamten nationalsozialistischen Einflussbereich, beispiellose Verbrechen gegen die Menschheit wurden von Deutschen und einigen anderen in deutschem Namen begangen ... Das Ausmaß der Verheerungen sickerte langsam ins Bewusstsein der Überlebenden. Die Alliierten und die von ihnen kontrollierten Medien führten den Deutschen die Gräuel der Nebenkriegsschauplätze vor Augen: Konzentrations- und Vernichtungslager, Verfolgung und Ermordung von Minderheiten, Erschießungen von Partisanen, Gefangenen und Zivilisten. Andere Völker mögen Helfer gestellt haben, der Motor aller Vernichtung waren Deutsche, wer sonst? Es kann ja nicht ein Österreicher allein gewesen sein.

Regeln, die als zivilisatorische Standards galten, waren beiseitegeschoben worden, als Kulturnation mit humanistischem Anspruch hatte Deutschland schlicht versagt. Tief im Innern lag diese übermächtige Schuld verankert, die Reue erfordert hätte, aber sie blieb aus. Überlegen geglaubte, verehrte und kollektiv unterstützte Ideale brachen zusammen, was Trauer hätte bewirken müssen, aber sie blieb aus. Die große Mehrheit der Deutschen hatte sich mit einem Führer identifiziert, der das Volk in den Wahn auserwählter, überlegener Herrenmenschen leitete, sich aber als beispielloser Verbrecher erwies. Ein solcher Irrtum hätte Scham auszulösen gehabt, aber sie blieb aus. Die von Deutschland überfallenen und vor Kurzem noch als »Untermenschen« der Lächerlichkeit preisgegebenen Kriegsgegner hatten das Land besetzt, was verständlicherweise Vergeltungsängste bewirkte, und diese Angst dürfte noch das realistischste der Gefühle gewesen sein, erwies sich aber zumindest im Westen als überzogen. Angesichts dieses Gefühlscocktails, dieser »Unfähigkeit zu Trauern«, resümierten Alexander und Margarete

Junge Damen im Schatten des Doms
an der Ecke Unter Goldschmied und Kleine Budengasse,
Foto: Benno Wundshammer, 1948

Mitscherlich später, wäre es ein Irrtum »zu erwarten, eine derart in ihren Wahnzielen bloßgestellte, der grausamsten Verbrechen überführte Population könne sich in diesem Schock um anderes kümmern als um sich selbst«. Diese Gemengelage war wohl kaum auszuhalten, sich von ihr zu befreien unmöglich. Sie konnte wohl nur weitestmöglich verdrängt werden.

Man hatte überlebt und hatte weiterhin zu überleben. Die Besorgung des Notwendigsten zersetzte Vergangenheitsreflexion wie Zukunftspläne. Die alliierten Besatzungsmächte sahen sich mit kaum lösbaren Aufgaben konfrontiert, für die sie nicht einmal ausgebildet waren. Ordnungskräfte mussten sie aus den wenigen verbliebenen Einheimischen rekrutieren, wobei man nur anfangs darauf achtete, keine ausgewiesenen Nationalsozialisten zuzulassen. Verkehrswege waren zerstört, sodass die ohnehin unzureichenden Lebensmittel nicht in die Städte und an die Orte kamen, wo sie benötigt wurden. Nach Köln strömten bereits im Laufe des Jahres 1945 mehr als 400 000 Menschen zurück, sodass sich 58 Prozent der Vorkriegsbewohner auf 22 Prozent der erhaltenen Wohnungen und Notunterkünfte verteilten, wobei die Besatzungssoldaten selbstverständlich bevorzugt auf den unbeschädigten Wohnraum zugriffen. Zudem konnte die Stromversorgung selbst der bewohnbaren Bezirke erst Ende des Jahres wiederhergestellt werden. Bis August 1946 hatten 80 Prozent der Kölner Haushalte einen provisorischen Wasseranschluss, in der Altstadt waren aber erst Ende 1948 wieder 75 Prozent an das städtische Wassernetz angeschlossen. »Die Bewohner zerstörter Häuser müssen ihr Wasser teilweise bis 1949/50 mit Eimern aus bereits versorgten Bezirken in ihre Wohnung transportieren.« (125 Jahre GEW) Die möglichst schnelle Wiedergewinnung der Wasserversorgung wurde 1946 mit dem immensen Verlust von 28 Millionen Kubikmetern infolge undichter Leitungen erkauft, 1949 waren es noch mehr als sechs Millionen. Beim Gas verboten sich derartige Großzügigkeiten, die Wiederherstellung der Gasnetze dauerte bis 1952.

Das Chaos war freilich europaweit. Die meisten der 13 Millionen internationalen Kriegsgefangenen, Verschleppten, ehemaligen Zwangsarbeiter und KZ-Insassen strebten schnellstmöglich in ihre Heimat, aber Brücken, Straßen und Schienen waren unterbrochen, sodass die Alliierten sie erneut in Lagern internieren und notdürftig versorgen mussten. Elf Millionen deutsche Kriegsgefangene warteten auf ihre Entlassung, wurden vor allem in den von der Sowjetunion kontrollierten Gebieten zu Arbeiten im Sinne der Reparation gezwungen. In westlicher Kriegsgefangenschaft starben weniger als ein Prozent, im Osten mehr als ein Drittel. Die letzten kamen erst zehn Jahre nach Kriegsende aus der Gefangenschaft. Hinzukamen bis zu 14 Millionen deutsche Vertriebene und Flüchtlinge, die im Westen eine neue Heimat suchten ... Der Zweite Weltkrieg gilt als Auslöser der größten Völkerwanderung aller Zeiten. Natürlich kam es allenthalben zu Ressentiments, Racheakten, Essensentzug, Vergewaltigung und Mord; der britische Historiker Keith Lowe hat den institutionellen und humanitären Zusammenbruch des »wilden Kontinents« Europa in einem Buch des Grauens zusammengefasst.

In ihrer Not fühlten sich die Deutschen weiterhin als Opfer und verfielen in blindes Selbstmitleid. Die »Leidensbilanz« erscheine dem Durchschnittsdeutschen als ausgeglichen, stellte Hannah Arendt fest, die das Land 1949/50 bereiste, und die »Gleichgültigkeit, mit der sich die Deutschen durch die Trümmer bewegen, findet ihre genaue Entsprechung darin, dass niemand um die Toten trauert«. Erst mit großem Abstand, seit zehn, fünfzehn Jahren, werden die psychischen Kriegsfolgen und -kosten genauer untersucht: Seien es die Kriegsteilnehmer, die ihre ›besten‹ bis zu 16 Jahre in Krieg und Gefangenschaft durchlebten und vielfach traumatisiert in eine ihnen unheimlich gewordene Welt zurückkehrten, seien es die Millionen Vertriebenen und Flüchtlinge, die ihre Heimat verloren hatten und im unbekannten Westen als zusätzliche Belastung empfunden wurden, oder sei es die Generation der »Kriegskinder«, denen nun wirklich keine Schuld zuzuweisen ist, die aber mit verdrängten Traumata, Verkapselungen und Verhärtungen die späteren Nachkriegsjahre bis in die Erziehung ihrer eigenen Kinder prägten.

In Köln lebten im März 1945 trotz aller Zerstörung noch 40 000 Menschen, und während das rechtsrheinische Köln weitere sechs Wochen nationalsozialistisch gehalten wurde und weiter östlich der Krieg noch zwei Monate fortgeführt werden sollte, begann in der linksrheinischen Stadt das Aufräumen. Das hatten die Kölner schon in den vergangenen Jahren immer wieder nach den Bombeneinschlägen gemacht, damit kannte man sich aus, daran konnte man anknüpfen, dadurch hatte man genug zu tun, ohne die Gründe der Nachkriegssituation weiter reflektieren zu müssen.

Die vier Siegermächte hatten Deutschland besetzt, unter sich aufgeteilt und jeder nach seinen Vorstellungen befriedet. Erinnern wir uns: 1934 hatten vier von fünf Kölnern Hitlers Alleinherrschaft zugestimmt, sogar 99 Prozent sollen 1936 nachträglich die eigenmächtige Eingliederung des Rheinlands ins Deutsche Reich befürwortet haben. 1940 war jeder zehnte Reichsbürger Mitglied der NSDAP, in Köln war es nach Stichprobenhochrechnungen von Professor Jürgen Falter etwa jeder Zwölfte. Von einem derartigen Zuspruch kann die gesamte Parteienlandschaft heute nur träumen. Dennoch wurde die Nazizeit im Nachhinein nicht als selbstbestimmt empfunden. Für viele Deutsche setzte sich die empfundene Fremdbestimmung der letzten Kriegsjahre einfach fort. Vor allem die amerikanischen und britischen Besatzer bemühten sich um gezielte und umfangreiche »Re-education-Programme« in Sachen Demokratie und Menschenrechte, aber es sollte noch vierzig Jahre, fast bis zum Ende der Bonner Republik, dauern, dass der Sieg der Alliierten sich als Befreiung im deutschen Bewusstsein verankerte.

Wenn man davon ausgeht, dass die Welt sich nicht erst in Zukunft erfüllt, sondern – wie das Wetter – jederzeit komplett ist, dann gab es keine Stunde null. Staatsformen und Wertesysteme mögen zusammenbrechen, irgendwann mag der letzte Schuss gefallen oder die Kapitulation unterschrieben, mag der Führer tot und der Frieden errungen sein. Dennoch sorgen die Überlebenden, ihre Mentalitäten und Besitztümer, ihre Orientierungen und Ambitionen über alle Zäsuren hinweg für historische Kontinuität. Die Entnazifizierung Deutschlands war nicht mit ein paar Prozessen gegen das leitende Personal des alten Regimes zu erledigen, es sollte ein mühseliger, vielfach erschreckender, aber dank wirtschaftlicher und politischer Begünstigungen ein überwiegend glückender historischer Prozess werden, der allerdings in mancher Hinsicht weniger politisch und juristisch als häufig erst gerontologisch zu seinem Ende kam.

Nicht nur in der Politik glaubte man, auf das Personal mit nationalsozialistischer Vergangenheit nicht verzichten zu können. Auch weite Bereiche des diplomatischen Corps, der Jurisprudenz, der Beamtenapparate und Geheimdienste, der Professorenschaft und Medizin, der Finanzwirtschaft und Industrie, der Informationsmedien und Kunst wurden vielfach in personeller Kontinuität belassen oder besetzt. Gegen den Willen der Siegermächte hatte die frühe bundesrepublikanische Politik die Fortführung des Berufsbeamtentums durchgesetzt. Man wechselte das Parteiabzeichen, wohl in den meisten Fällen auch die politische Orientierung, aber ein zwar abnehmend nationalistisch unterfütterter, jedoch weiterhin autoritativer Führungsstil behielt noch lange die Oberhand. Man verfolge nur, wie langsam sich ein hehres Pathos aus öffentlichen Reden und den Wochenschauen verflüchtigte, die bis 1978 das Kinopublikum für den Hauptfilm wachrüttelten.

Wie sollte mit diesen offenbar kriegslüsternen Deutschen verfahren werden? Der Plan des US-Finanzministers Henry Morgenthau, Deutschland durch industrielle Demontage und harte Reparationszahlungen auf einen Agrarstaat zu schrumpfen, war schon im Herbst 1944 verworfen worden, diente aber noch bis weit in die Nachkriegszeit als propagandistisches Schreckgespenst. Dennoch wurden auf der Potsdamer Konferenz der Siegermächte umfangreiche Reparationsleistungen beschlossen, die zwischen 1947 und 1950 auch in Kölner Industriebetrieben griffen. Die »Demontageliste« für die britische und amerikanische Besatzungszone vom November 1947 umfasst 682 Betriebe, davon 294 in Nordrhein-Westfalen. Für Köln standen auf der Liste: die Maschinenfabriken Arndt in Niehl und Böcher in Kalk, Teile von Betrieben der KHD in Deutz und Kalk, die Munk und Schmitz KG für Boiler, Tankanlagen und Rohrleitungen in Poll sowie Pellentz & Co. für Kräne und Waagen sowie die Rheinische Walzmaschinenfabrik, beide in Ehrenfeld. Das sind sechs von 5667 Firmen, die in Köln 1948 registriert waren! Angesichts der zwischen Brest und Stalingrad, dem Nordkap und Tobruk verursachten Kriegsschäden kann man da wohl kaum von Reparationsleistungen sprechen. Dennoch waren es Maßnahmen, gegen die Unternehmer in trauter Einigkeit mit Politik und Arbeiterschaft wiederholt demonstrierten, obwohl es sich selbst bei der Summe aller westlichen Demontagen im Vergleich zu Abtransporten von Industrieanlagen aus der sowjetischen Besatzungszone um marginale Erscheinungen handelte. Dort betrug der industrielle und infrastrukturelle Substanzverlust etwa 30 Prozent, während in Westdeutschland gerade einmal um die vier Prozent abgezogen wurden! Die Truman-Doktrin vom März 1947, die versprach, »allen freien Völkern beizustehen«, war noch nicht auf allen administrativen Ebenen umgesetzt, dürfte aber die immer laxere Durchführung der Demontagen in den Westzonen bewirkt haben; es soll sogar zu parallelen De- und Remontagen gekommen sein. Im November 1949 wurden die Demontagepläne im Petersberger Abkommen zu den Akten gelegt, ihre Realisierung lief 1950 aus.

Zunächst hatten die Besatzungsmächte wie auch große Teile der deutschen Bevölkerung dem industriellen Komplex aufgrund seiner Verstrickung mit den Nationalsozialisten äußerst zurückhaltend gegenübergestanden. Darauf hatten auch die sich gerade wieder oder neu konstituierenden Parteien zu reagieren. Als Obscurum liest sich heute beispielsweise das Ahlener Wirtschafts- und Sozialprogramm der gerade erst gegründeten konservativen CDU aus dem Jahr 1947: »Das kapitalistische Wirtschaftssystem ist den staatlichen und sozialen Lebensinteressen des deutschen Volkes nicht gerecht geworden. Nach dem furchtbaren politischen, wirtschaftlichen und sozialen Zusammenbruch als Folge einer verbrecherischen Machtpolitik kann nur eine Neuordnung von Grund aus erfolgen. Inhalt und Ziel dieser sozialen und wirtschaftlichen Neuordnung kann nicht mehr das kapitalistische Gewinn- und Machtstreben, sondern nur das Wohlergehen unseres Volkes sein. Durch eine gemeinschaftliche Ordnung soll das deutsche Volk eine Wirtschafts- und Sozialverfassung erhalten, die dem Recht und der Würde des Menschen entspricht, dem geistigen und materiellen Aufbau unseres Volkes dient und den inneren und äußeren Frieden sichert.«

Produktiver als Demütigung und Demontage erwies sich der nach dem US-Außenminister benannte Marshall-Plan, der ab Sommer 1948 die westlich orientierten Länder Europas durch Lebensmittel- und Wirtschaftshilfen im Wert von 13 Milliarden Dollar unterstützte. Neben humanitäre Gesichtspunkte angesichts dauerhaften Hungers und vieler Erfrorener trat das Kalkül, durch eine ›Goodwill-Politik‹ die Bevölkerung nicht zuletzt gegen sozialistische Alternativen aus dem Osten für sich zu gewinnen und möglichst rasch die Absatzmärkte für amerikanische Produkte auszuweiten. Gemessen an den europaweiten Kriegsverheerungen war das Volumen des

Marshall-Plans freilich kaum mehr als ein Tropfen auf den heißen Stein.

Als östlichem Vorposten gegenüber dem Sozialismus hatten die westlichen Länder kein Interesse, Westdeutschland nachhaltig zu schwächen. Vielen Einwohnern des geteilten Deutschlands scheint diese Situation wohl bewusst gewesen zu sein: »Amerika muss Lebensmittel liefern«, forderte 1945 eine deutsche Professorin mit ungebrochen nationalem Egoismus gegenüber der amerikanischen Reporterin Margaret Bourke-White, »oder Stalin wird ein leichtes Spiel haben.« Einmal auf den Pfad der kapitalistisch-marktwirtschaftlichen Tugend gesetzt, halfen Briten und vor allem Amerikaner, die Bundesrepublik zum vorzüglichen Bollwerk und Schaufenster auszubauen, behielten sich aber – wenngleich realiter beständig abnehmend – noch lange die politische Kontrolle vor, de facto bis zu den Pariser Verträgen von 1955, de jure sogar bis zum Zwei-plus-vier-Abkommen 1990/91.

Nach der Einnahme des linksrheinischen Köln regierte dort für hundert Tage eine amerikanische Militäradministration. Zum Neuaufbau der kommunalen Selbstverwaltung bestellte sie bereits am 16. März Willi Suth, den die Nationalsozialisten 1933 als Stadtkämmerer entlassen hatten, und als Oberbürgermeister zog am 4. Mai Konrad Adenauer, der dieses Amt vor 1933 fast 16 Jahre lang innegehabt hatte, ins provisorische Rathaus, das wenig beschädigte Allianzgebäude am Kaiser-Wilhelm-Ring. Diesmal sollte er aber nur für fünf Monate als Stadtoberhaupt fungieren, denn als die Briten – wie schon nach dem Ersten Weltkrieg – Köln am 21. Juni 1945 als Besatzungsmacht übernahmen, zeigten sie sich mit Adenauers Amtsführung bald unzufrieden. An seine erfolgreiche Zeit in den 1920er-Jahren anknüpfend, widmete der sich vor allem der städtischen Großplanung, Wohnraum im Umfeld des Zentrums zu schaffen, während die traditionell pragmatischen Briten sich bevorzugt um das unmittelbare Auskommen der Bevölkerung und deren Situation im kommenden Winter sorgten. Denn bis 1948 hieß Politik vor allem Mangelverwaltung, in Köln herrschte für drei Jahre weit mehr Hunger als während des Krieges, und im Winter wurde gefroren. So wurde Adenauer am 6. Oktober entlassen und erst am 28. November durch Hermann Pünder ersetzt, der bis 1933 Staatssekretär der Reichskanzlei in Berlin gewesen war, allerdings keine Erfahrung in der Kommunalpolitik besaß.

Der wirtschaftliche Tiefpunkt war der besonders kalte Winter 1946/47, der den Kölner Kardinal Frings nötigte, in seiner Silvesteransprache 1946 den Eigentumsbegriff des Bürgerlichen Gesetzbuchs einzuschränken: »Wir leben in Zeiten, da in der Not auch der Einzelne das wird nehmen dürfen, was er zur Erhaltung seines Lebens und seiner Gesundheit notwendig hat, wenn er es auf andere Weise, durch seine Arbeit oder durch Bitten, nicht erlangen kann.« Vor allem im Hinblick auf die Versorgung mit Kohlen fühlten sich die Kölner durch die Worte ihres

Konrad Adenauer
(links) mit Johannes Fuchs, dem neu beauftragten Oberpräsidenten des amerikanischen Rheinland-Militärbezirks (vorne Mitte links), John Ashworth Barraclough, dem britischen Militärgouverneur der Provinz Nordrhein (Mitte rechts), und Clemens Busch, dem Regierungspräsidenten des Regierungsbezirks Köln (ganz rechts), 10. August 1945, Fotograf unbekannt

obersten Kirchenmannes zum Stehlen legitimiert und durch keine Kamera gestört; seitdem nannte man diese Überlebensnotwendigkeit »fringsen«.

Infolge des Geldüberhangs bei gleichzeitiger Warenknappheit aus der Kriegswirtschaft verlor die Reichsmark an Wert, die knappen Waren wurden sogar noch zurückgehalten, Lebensmittelkarten, die bereits den gesamten Krieg über die Versorgung reglementiert hatten, galten bis Anfang 1950. Tauschgeschäfte auf dem Schwarzmarkt waren zwar verboten, aber offenbar unumgänglich. Im Gegensatz zur Reichsmark waren amerikanische Zigaretten die harte Währung: ein ›Ami‹, drei ›Ami‹, zehn ›Ami‹ ... Auf Anregung und mit Anleitung der amerikanischen Besatzer kam es in den drei westlichen Zonen am 20. Juni 1948 zur Währungsreform. Jeder Deutsche erhielt 40 Anteile der neuen Währung »Deutsche Mark«. Doch während am 21. Juni viele nicht mehr als diese 40,– DM besaßen, verfügten einige über Sachwerte, Rohstoffe und Halbfertigprodukte, Maschinen und Konsumgüter, die nun schnellstmöglich in Betrieb oder unters Volk gebracht werden sollten. Das Wirtschaftskarussell kam langsam in Fahrt, und mit der Not schwand auch das rücksichtslose Selbstmitleid der Deutschen.

Beim Neuaufbau der Gewerkschaften wuchs den Kölnern eine besondere Rolle zu. Ihnen gelang die Überwindung parteipolitischer Zersplitterung, was konsequenterweise zur Gründung der Einheitsgewerkschaft führte. Nicht zufällig wurde der Kölner Sozialdemokrat Hans Böckler (1875–1951), der seit 1903 hauptberuflich für den Deutschen Metallarbeiterverband tätig gewesen war und die zwölfjährige Nazizeit in Verstecken überlebt hatte, schon 1945 zum Vorsitzenden des Gewerkschaftsverbandes in der britischen Besatzungszone gewählt, dem sich 1949 seine Wahl zum ersten Vorsitzenden des Deutschen Gewerkschaftsbundes anschloss. 1951 setzten die Kölner Sozialdemokraten durch, dass der Stadtrat Hans Böckler zusammen mit Konrad Adenauer zum Ehrenbürger der Stadt ernannte. Ebenfalls 1951, kurz vor seinem Tod, gelang Böckler noch die gesetzliche Festschreibung der paritätischen Mitbestimmung in Großbetrieben, die zu einem Erfolgsmodell der bundesrepublikanischen Wirtschaft avancieren sollte.

Ähnlich aufgeschlossen gelang es ehemaligen Kölner Mitgliedern der streng katholischen Zentrumspartei um Leo Schwering, parallel zu Berliner Bestrebungen im Sommer 1945 eine überkonfessionelle Christlich-Demokratische Partei (CDP) zu gründen. Bald darauf wurde sie in CDU umbenannt, erlangte in der ersten Stadtverordnetenwahl nach dem Krieg am 13. Oktober 1946 die absolute Mehrheit und blieb bis 1956 stärkste Kölner Partei.

Ein städtisches Alleinstellungsmerkmal war 1947 die Neugründung der Deutschen Sporthochschule Köln in der Nähe der Müngersdorfer Sportanlagen, der landesweit einzigen Sportausbildungsstätte mit universitärem Rang. Sie geht auf die 1920 in Berlin von Carl Diem und August Bier gegründete, weltweit erste Hochschule für Leibesübungen zurück, und ihr Gründungsrektor war abermals Carl Diem (1882–1962), der das Amt bis 1962 ausübte. Diem war *der* deutsche Sportfunktionär in der ersten Hälfte des 20. Jahrhunderts, dessen Rolle erst mit zeitlichem Abstand problematisiert wurde. In vielen organisatorischen Funktionen und sportpublizistischen Artikeln setzte er sich vor allem für den olympischen Geist und die Spiele ein. Er verlor 1933 seinen Posten als Prorektor der Hochschule für Leibesübungen, weil er sich weigerte, der NSDAP beizutreten, und wurde 1934 als »politisch unzuverlässig« eingestuft. Andererseits unterstützte er vielfach die nationalsozialistische Ertüchtigungsideologie und Kriegsbegeisterung mit Sätzen wie »Sport ist freiwilliges Soldatentum«. Oder er schrieb 1940 kurz nach der Einnahme von Paris, »der sportliche Geist, in dem Deutschlands Jungmannschaft aufgewachsen ist«, habe erst den »Sturmlauf durch Polen, Norwegen, Holland, Belgien und Frankreich«, den »Siegeslauf in ein besseres Europa« ermöglicht. Carl Diem ist zweifellos eines der prominenten Beispiele für die verharmlosende Behandlung nationalsozialistischer Verstrickungen in der Nachkriegszeit. Neben seiner universitären Position war er Anfang der 1950er-Jahre Sportreferent im Bundesinnenministerium und erhielt 1953 das Große Verdienstkreuz der Bundesrepublik Deutschland.

Am 10. Mai 1949 fiel die Entscheidung für Bonn als Hauptstadt der Bundesrepublik. Bonn war eine nach dem Krieg weitgehend erhalten gebliebene Provinzstadt mit gut 100 000 Einwohnern, und aufgrund des erstaunlichen Beschlusses im Gefolge von Krieg, Landesteilung und Notsituation wuchs der Großstadt Köln 25 Kilometer weiter nördlich eine überregionale Bedeutung als Sammelbecken für Büros, Wohnraum, Kultur, Unterhaltung, Gastronomie und Konsum zu – ein Reservoir, das freilich erst noch zu errichten und auszufüttern war.

Wie aber, in welcher Form, nach welchen Leitlinien sollte Köln wiederaufgebaut werden? Hans Schmitt, der angehende Pressechef der Stadt, und Carl Oskar Jatho, ein idealistischer Architektur- und Kulturkritiker mit Verbindungen zu den »Kölner Progressiven«, hatten schon während des Krieges Schriften verfasst, die nun 1946 publiziert werden konnten. Infolge der modernen Fortschrittsidee, dass jede Zeit ihre eigene Prägung zu artikulieren habe, verwahrten sich beide Autoren gegen einen schlichten Wiederaufbau des alten Köln. Selbst Konrad Adenauer hatte angesichts des Zerstörungsgrads ja zunächst die Vision einer neuen Stadt weiter im Norden. »Wir wollen nicht *wieder*aufbauen«, heißt es gleich in der Einleitung zu Schmitts Buch »Der Neuaufbau der Stadt Köln«. »Das würde zum Inhalt haben, dass das Alte so bedingungslos gut war, dass man es bloß einfach zu wiederholen brauchte. Das ist ja nun nicht der Fall.« Schmitts Perspektive ist die eines unhistorischen, aber kölnisch geprägten Fußgängers, der von neuen Häusern mit Dachgärten auf dem mittelalterlichen Stadtgrundriss träumte. Und Jatho warnt: »Eine Als-ob-Architektur wird aus dem Boden kriechen. Was bisher alt war, von nun an wird es so aussehen, als ob es alt wäre ... Ein zugrunde gegangenes Formerbe ist unwiederbringbar.« Die Neuerung der Stadt sah er in der Einordnung in die ›civitas Dei‹, »eine durchordnete, durchformte, durchlichtete, durchgrünte, durchfriedete Feier- und Tätigkeitswelt«. Das Merkantile solle sich in der Neustadt und Peripherie ansiedeln.

Ein Diplom-Ingenieur H. v. Berg, Mitglied des Bundes Deutscher Architekten, ließ es sich nicht nehmen, 1947 im Privatdruck mit ausgereiften Plänen, detaillierten Zeichnungen und Kostenrechnungen »eine nie wiederkehrende Gelegenheit im Neubau der Stadt Köln« kundzutun. Er schlug vor, die Domumgebung zu beruhigen, innerhalb von zehn Jahren den Hauptbahnhof samt Hohenzollernbrücke, Eisenbahnring, der Hochtrasse durch Ehrenfeld sowie den Güterbahnhöfen Gereon und Deutzerfeld zu demontieren. Stattdessen sollte eine tiefgelegte, durch die Innenstadt und den Rhein unterirdisch geführte, sechs bis achtgleisige Ost-West-Trasse mit dezentralen Bahnhöfen am Aachener Weiher, unter dem Neumarkt und in Deutz die Stadt vom Bahnverkehr entlasten. Für die fernere Verteilung nach Nord und Süd war ein sehr viel weiterer Schienenring als der jetzige vorgesehen: auf der Höhe Brühl, Frechen, Worringen, Leverkusen, Bergisch Gladbach, Porz ...

Carl Diem
Sportfunktionär und Gründungsrektor der Sportschule in Müngersdorf, um 1950, Fotograf unbekannt

Die von Rudolf Schwarz vorgestellten Pläne sind bekannter geworden, immerhin hatte die Stadt ihn 1946 bis 1952 zum Generalplaner berufen. Seine Idee dezentraler Stadtviertel mit beruhigten Erschließungsstraßen, die durch periphere Verkehrsbänder verbunden werden sollten, zitieren wir in diesem Band aus einem frühen Vortrag.

So viel Aufbruch für Köln war selten – gedacht worden. Doch alle wohlmeinenden Neuerer unterschätzten das Beharrungsvermögen der städtischen Tradition und des Katasters. Die Notsituation, zu vermeidende Mehrkosten und Mutlosigkeit gebaren ein Arrangement mit der überlieferten Stadtanordnung. Straßenführung, Bahnkörper, Brücken, Bahnhöfe und natürlich die bedeutenden Kirchen wurden weitestgehend an Ort und Stelle belassen und mit der Zeit wiederhergestellt. Während in ›Ehrendiensten‹ eines Großteils der Bevölkerung sowie durch professionelle Abriss- und Räumungsfirmen die Verkehrswege freigeräumt wurden, werkelten die Kölner ohne nachhaltige Geldmittel und verfügbare Baumaterialien meist in privater Initiative vier Jahre lang am Bestehenden, damit die in alle Stadtteile zurückströmenden Bewohner wenigstens ein notdürftiges Dach über dem Kopf haben konnten. Laut britischer Verordnung standen jeder Person vier Quadratmeter zu. Undenkbar, in dieser frühen Phase neue raumordnende Großplanungen zu realisieren. Die Notmaßnahmen auf dem Boden des Geretteten bahnten schließlich den Weg zur weitgehenden Einrichtung in der alten Stadtstruktur.

Vermutlich zum Glück. Eine identitäts-, weil geschichtslose Innenstadt drohte zu entstehen. Es wäre ein aberwitziger nachträglicher Sieg der nationalsozialistischen Tabula rasa im Zuge eines städtischen Neubaus nach den Maßgaben einer verabsolutierten Moderne geworden. Man muss nur an die Entornamentierung und Abrissmentalität bis in die 1970er-Jahre denken, um eine Vorstellung davon zu bekommen, welch zivilisierte Wüste aus Köln geworden wäre, wenn die Stadt ungebremst als neue Stadt aufgebaut worden wäre.

Fotografien aus der Zeit gleich nach dem Krieg belegen, dass es sich bei dem ›Kranz der zwölf romanischen Kirchen‹, dem eigenständigsten und bedeutendsten kulturellen Erbe der Stadt, weitgehend um Bauwerke aus der zweiten Hälfte des 20. Jahrhunderts handelt. Über ihre Wiederherstellung wurde deshalb vielfach gemeint, sie könnten nur aus aktuellem Formempfinden neu erstehen. Zwar wurden schließlich zumindest ihre Baukörper im mittelalterlichen Formen-

Zeitgenössische Postkarte
Elf schwer beschädigte mittelalterliche Kirchen umringen den Dom, 1945, Fotograf unbekannt

vokabular gehalten, jedoch konnten dabei fälschlich historisierende wie gründlich enthistorisierende Eingriffe nicht ausbleiben. So galt die Regel, bei grober Beschädigung den frühesten Zustand eines Bauwerks als Maßgabe anzunehmen, wodurch stilistische Vereinheitlichungen betrieben, hingegen alle baugeschichtlichen Erneuerungen getilgt wurden. Bei St. Maria im Kapitol, Fertigstellung 1056 zur Zeit der Salier, wurde beispielsweise außen der lisenengestützte Bogenfries der Querapsiden aus der Stauferzeit auch um die Ostapsis gezogen. Dazu mussten die spätstaufischen Blendarkaden und die Zwerggalerie unberücksichtigt bleiben, eine Angleichung, »die historisch so wohl niemals bestanden hat« (Ulrich Krings). Und zu St. Kunibert, Weihe 1247, findet man sogar bei Wikipedia die Bemerkung, die »heutige Gestalt orientiert sich weder vollständig am Vorkriegszustand, noch ist sie einem Rückgriff auf das spätstaufische Original zu verdanken. Vielmehr wurden vor dem Hintergrund sehr kontrovers geführter Diskussionen Kompromisse eingegangen, die sich auf unterschiedliche Bauzustände in der Geschichte der Basilika beziehen«. – Wer nun glaube, die heutigen Zustände historischer Bauten seien ›historisch‹, verteidigt der Architekturhistoriker Winfried Nerdinger derartige Konstruktionen lapidar, »der wird nicht getäuscht, sondern ist zu wenig informiert«.

Am Dom galt bis in die 1980er-Jahre die Regel, »Treue zur Grundstruktur und zu allen geometrisch fassbaren Formen, aber Freiheit bei den plastischen Einzelwerken« (Arnold Wolff). Wenn allerdings die Religion ihren traditionellen Stellenwert verliert und der Glaube nicht mehr mit der ihm zugehörigen Innigkeit praktiziert wird, drohen seine neu formulierten Vergegenständlichungen zur Karikatur zu verkommen. So sind die kitschigsten Figuren für den Kölner Dom in der Zeit nach dem Krieg in Stein geschlagen worden. Seit etwa den 1980er-Jahren werden dort vorrangig überlieferte Formen des 19. Jahrhunderts repliziert, und die angesprochene Freiheit hat sich nur in entlegenen, kaum einsehbaren Ecken erhalten.

Auf dem Boden der tradierten Stadtstruktur wurde dann restauriert, was noch gefiel, renoviert, was man substanziell als erhaltenswert empfand, und geschleift, was als überholt galt. Neubauten füllten hauptsächlich Lücken und entstanden, wo der Krieg oder bewusste Niederlegungen Raum geschaffen hatten (Hohe Straße, Martins- und Griechenmarktviertel, alte Oper …). Die Ideen der autogerechten Stadt kamen für Köln eigentlich zu spät, sie konnten – wie vor allem die Nord-Süd-Fahrt, die Severins- und Zoobrückenzubringer – nur noch als Fremdkörper implantiert werden, die bei ungehindertem Fluss zwar das Funktionieren des Verkehrs gewährleisten, jedoch bis heute langlebige Wunden ins Stadtbild rissen. Für eine künftige Nach-Auto-Ära könnte Köln jedoch mit ein paar Rückbauten gut aufgestellt sein. – Die eigent-

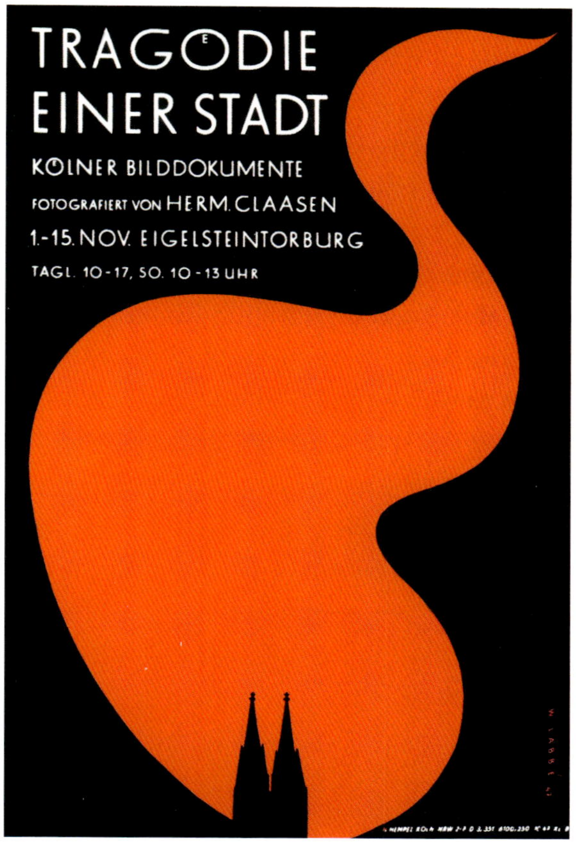

Tragödie einer Stadt
Plakat von Werner Labbé zur Ausstellung mit Fotografien von Hermann Claasen, 1947

liche Geschichte des Wiederaufbaus fällt in die Zeit nach 1950, sie wird im Folgeband »Köln nach dem Krieg« erzählt und gezeigt. Die 1940er-Jahre haben ihr allerdings die kaum hintergehbare Exposition geliefert.

Selten hatte die Kultur in der Stadt einen solch hohen Stellenwert wie in der unmittelbaren Nachkriegszeit. Man sprach geradezu von einem »Kulturhunger«, mit dem wohl häufig versucht wurde, den natürlichen Hunger zu überlagern. Nach dem Zusammenbruch der Stadt und des Landes, der staatlichen Institutionen und politischen Ideale, konfrontiert mit Wohnungsnot, Armut und ungewisser Zukunft, suchten die Kriegsüberlebenden im Theater- und Konzertleben sicherlich zuerst einmal Entspannung und Ablenkung, dann aber auch Orientierung und Halt. Die meisten Aufführungen im ersten Nachkriegsspielplan 1945/46 hatten Operetten wie »Der Vetter aus Dingsda« und »Land des Lächelns«, man spielte aber auch »Ein Sommernachtstraum«, »Hamlet« und Oscar Wildes »Lady Windermeres Fächer«.

Wir können uns kaum noch vorstellen, was für den Besuch auf den harten Holzstühlen der Oper, des Theaters oder Konzertsaals in Kauf genommen wurde. Dies war anfangs ohnehin ein und derselbe Raum, nämlich die Aula der neuen Universität, die mit 1220 Plätzen schon während des Krieges das Ausweichquartier für Oper, Theater und das Ufa-Kino war und ab August 1945 zum ersten Ort der neu beginnenden Stadtkultur wurde. Hinzukam im Oktober 1946 eine winzige Studiobühne im Hinterraum eines Lokals in der Venloer Straße. Man begann dort mit Büchners »Woyzeck« und widmete sich bis 1952 experimentellen Spielformen, die in Köln immer umstritten waren. Einen Monat später kamen die Kammerspiele im Rautenstrauch-Joest-Museum am Ubierring hinzu, wo mit 370 Plätzen bald zeitnahe Stücke, vor allem des französischen Existenzialismus, die Kölner erreichten. Diese Spielstätte wurde sogar bis 1994 für neuere Stücke und Inszenierungsformen aufrechterhalten.

Es gab keinen öffentlichen Nahverkehr, schon gar keine Autos; wer ein funktionierendes Fahrrad besaß, war reich. Aber es gab manch einen, der »nach mehrstündigem Fußmarsch von der rechtsrheinischen Seite, über eine amerikanische Pontonbrücke [sic!] und über Berge von Trümmern kletternd, die Universität erreicht hatte«, um in einem unzureichend geheizten Raum mit schlechter Akustik Mozarts Jupiter-Sinfonie zu hören oder Shakespeares Sommernachtstraum zu erleben – oder auch völlig unvorbereitet »an einen blassen Zettel geriet, der von der Verschiebung des zehnten Gürzenichkonzerts oder einer anderen Veranstaltung kündete« (Robert von Zahn). Trotz aller Schwierigkeiten erreichte das Kölner Theaterleben in dieser ersten Nachkriegsspielzeit mit 416 286 Zuschauern in 420 Vorstellungen einen nie eingeholten Rekord. Kulturfördernd wirkte zweifellos, dass Theater- und Konzertbesuche als offizielle Veranstaltungen nicht in Zigaretten, der harten Währung des Schwarzmarkts, sondern in relativ wertlosen Reichsmark zu bezahlen waren. Das änderte sich erst, als Kultur nach der Währungsreform mit harter DM erkauft werden musste, wodurch die Hochkultur verhältnismäßig teuer wurde und das Interesse des Publikums zunehmend mit materiellen Konsumgütern zu teilen hatte.

1948 trafen wieder einmal zwei bedeutende städtische Großereignisse zusammen. Nachdem mit der Währungsreform die Lebensmittelversorgung und die Stimmung der Stadt merklich verbessert worden waren, fanden sie im Sommer beide innerhalb einer Woche statt: Die Jubiläumsfeier zur Grundsteinlegung des gotischen Doms am 15. August vor 700 Jahren und der Zusammenschluss der neu gebauten Deutzer Brücke fünf Tage danach. Da zum Domjubiläum Kurienkardinal Clemens Micara als päpstlicher Legat angereist war, der dann kurzerhand in der Stadt blieb, um auch noch die vorgezogene Einweihung der Deutzer Brück zu zelebrieren, standen beide Ereignisse unter höchster kirchlicher Obhut. Drei Jahre nach dem verheerenden deutschen Krieg war diese Ehrung eine frühe und in Köln gern gesehene Rehabilitierung. Im noch lange nicht wiederhergestellten Dom fand ein improvisiertes Pontifikalamt statt, und neben dem Dreikönigenschrein wurden acht weitere goldene Schreine für Zehntausende Augen durch die Stadt getragen. Sehr viele, wenn auch nicht ganz so viele Menschen trafen dann in der Mitte der noch unfertigen ersten Kölner Straßenbrücke seit dem Krieg zusammen. Angesichts der überlieferten Fotografien kann man nur staunen, dass trotz der unzureichenden Sicherung der Veranstaltung niemand in den Rhein gefallen ist.

Als substanzieller ist die Ausstellung »Köln – 1900 Jahre Stadt« zu bewerten. Es war die einmalige Zusammenschau kultureller Preziosen der Kölner Vergangenheit mit einem Anhang zu Bauten der Gegenwart und künftiger Stadtentwicklung, die 1950 im Staatenhaus hinter den Deutzer Messehallen gezeigt wurde. Die angestammten Orte der Exponate waren noch für Jahre beschädigt und unzugänglich. So wirkte es sicherlich verfremdend, nach der Auslagerung in die Stadt zurückgekehrte Kirchenschätze wie die Holztür aus St. Maria im Kapitol, den Klarenaltar aus dem Dom oder den Verkündigungsengel von St. Kunibert in weltlichem Ambiente wiederzusehen, eine Irritation, die den entkontextualisierenden Ästhetizismus in Ausstellungen späterer Jahre vorwegnimmt. Die Schau wurde in drei Monaten von 250 000 Menschen besucht und war zweifellos ein weiteres Moment zur Stärkung des Kölner Selbstbewusstseins.

Ein Vortrag im Begleitprogramm über die historische Verflechtung niederländischer mit kölnischer Wirtschaft erreichte dagegen nur zwei Dutzend Zuhörer, eine Diskrepanz, die für die rheinische Bilderlust typisch sein dürfte und Oberbürgermeister Ernst Schwering vorschlagen ließ, jedem Teilnehmer zur Stärkung »ein oder zwei Glas Bier oder ein oder zwei Schnittchen« zu gewähren. – Der Weg in die traditionsreich ausstaffierte Konsumgesellschaft der 1950er-Jahre war geebnet. RM

Eingang
zur Ausstellung im Staatenhaus, 1950, Fotograf unbekannt

Amerikanische Soldaten
mit dem letzten deutschen Panzer vor dem beschädigten Dom, 1945, Fotograf unbekannt

Amerikanische Soldaten
mit einem gefangenen deutschen Offizier und Resten einer Volkssturmkompanie, 1945, Fotograf unbekannt

Margaret Bourke-White

Sekt ist eine militärische Notwendigkeit [1945]

Erstaunlicherweise waren es zwei Frauen, die mit den amerikanischen Truppen kurz nach der Einnahme des linksrheinischen Köln in die Stadt kamen und vor anderen ihre Eindrücke und Erlebnisse aus der Siegerperspektive in Fotografien festhielten, während am rechtsrheinischen Ufer noch das ›Dritte Reich‹ herrschte: die Amerikanerin Margaret Bourke-White und die Engländerin Lee Miller. Bourke-White berichtete für die Illustrierte LIFE *auch über die später eingenommenen Teile Deutschlands, ihre Bilder und Texte wurden im Jahr darauf unter dem Titel »Dear Fatherland, Rest Quietly« als Buch veröffentlicht.*

Die Turmspitze des Kölner Doms war ein fabelhafter Platz, um von dort Bilder zu machen. Nach dem steilen Aufstieg war ich ein bisschen atemlos, als ich durch die Spalte im Mauerwerk spähte. Aber vielleicht hätte es mir ohnehin den Atem benommen, denn weit unter mir floss der Rhein und plätscherte an die Grenze von Großdeutschland. Der Fluss war immer noch gefährlich: Das Ufer wimmelte von deutschen Soldaten, versteckt, auf der Lauer, zum Töten bereit – die Wacht am Rhein.

Im Frühjahr 1945 waren wir derart rasch gegen das Herz von Deutschland vorgedrungen, dass es mir immer mehr wie eine Reise tief in Alice's Wunderland vorkam – bis wir in den letzten Kriegswochen jenes neblig-grüne Gebiet erreichten, wo kaum noch etwas an das Leben erinnerte, das wir bisher gekannt hatten. Sieger und Besiegte benahmen sich seltsam und ungewohnt, alles schien Kopf zu stehen und die Welt in Sekt zu schwimmen. Ein Soldat ist nichts ohne Sekt, hätte einem jeder GI bestätigt. Wahrscheinlich hatte man ihn vorher noch nie so dringend gebraucht [...]

»Dynamit?«, fragte ich. »Um den Safe zu sprengen«, sagte er. »Wir haben das Dynamit vergessen.« Dann beschlossen wir, die nächste Stelle, wo Dynamit zu haben war, sei der Command Post der Kompanie, der Sprengtrupp würde bestimmt aushelfen. Während ein Soldat sich zur Kommandostelle aufmachte, die sich irgendwo unter den Ruinen des Dom-Hotels befand, ließen wir übrigen uns am Rand eines kleinen Bombentrichters nieder, neben den Überresten des Deutsch-Amerikanischen Reisebüros. Einer der Soldaten kämpfte mit einem Korken, die schäumende Fontäne, die er freisetzte, schoss in einem merkwürdigen, hübschen Rosa heraus. Es war dann gar kein Sekt, sondern ein funkelnd roter Moselwein, den noch keiner von uns je probiert hatte.

Das Warten auf das Dynamit gab mir Gelegenheit, mich umzusehen und zu versuchen, mich an den Wallraf-Platz zu erinnern, wie ich ihn von meiner ersten Reise nach Europa kannte. Touristengruppen hatten ihre dom-müden Füße unter kleinen Tischen ausgeruht, die vor dem Café Monopol standen, jetzt nur noch eine verkohlte Hülse, und Kräfte für den Einkaufsbummel entlang der Hohen Straße gesammelt. Das Schild ›Hohe Straße‹ hing immer noch an der Ecke, aber die eleganten Läden waren in Steinhaufen und Staub versunken, Jagdgründe für Soldaten, die hinter Souvenirs und Beute her waren. Ich habe nie von einem Krieg gelesen, in dem die Soldaten nicht geplündert hätten, und dieser war bestimmt keine Ausnahme. Köln war die erste große

Eingang des Excelsior Hotel Ernst
1945, Fotograf unbekannt
(vgl. »Köln vor dem Krieg«, S. 307 unten)

deutsche Stadt, die eingenommen wurde, und vielleicht geschah das Plündern zum Teil aus reiner Neugier. Die GIs wollten sehen, wie die Häuser aussahen, wie der Feind wohnte, was er in seiner Wohnung hatte. Es war das Land des Feindes und war ihm von Männern abgenommen worden, die bei jedem Schritt von Omaha Beach bis hierher ihr Leben riskiert hatten. Sie brauchten einen handgreiflichen Nachweis für ihre Leistung. Von einem Mann, der bombardiert und von vorn und hinten beschossen worden ist, kann man keine besonders hohe Achtung vor den Besitzrechten des Gegners erwarten, besonders dann nicht, wenn er den Verdacht hat, dass dessen Besitz durch Diebstahl entstanden ist. Nachdem die ›Souvenir‹-Leidenschaft sich gelegt hatte, stellte sich wieder ein weitgehend normales Verhalten gegenüber fremdem Eigentum ein. [...]

Was um uns herumlag, war ›neuer Schutt‹. Nach den ersten Bombenangriffen von 1942 und 1943 hatte man die Trümmer weggeräumt und die Stadt war wieder einigermaßen zum Leben erwacht. Erst in der vergangenen Woche, während der letzten großen Angriffe vom 2. und 3. März, als Köln für den Einmarsch ›weichgemacht‹ wurde, waren die meisten Gebäude, die noch standen, auf die Straßen gestürzt und hatten etwa vierhundert Deutsche mitgerissen. Damals erhielt auch der Dom, der bis dahin ziemlich unbeschädigt geblieben war, die drei Volltreffer, die das Hauptschiff mit Trümmern füllten.

»Es war nicht nötig, die Stadt noch mal zu bombardieren«, hatten die Leute zu uns gesagt, als wir in Köln einmarschierten. »Wir wollten uns sowieso ergeben. Wir haben nur darauf gewartet, dass die Amerikaner kommen.«

Wir wunderten uns über die Fügsamkeit der Menschen. Die großen Nazis waren über den Rhein geflohen und die Zivilisten, die geblieben waren, bemühten sich eifrig, ihren neuen Herren zu gefallen.

Als wir uns durch die weglose Wüstenei der Hohe Straße auf den Weg machten, diesmal mit Dynamit ausgerüstet, dachte ich mir, dass uns höchstens ein Infanterist, der gelernt hat, seine Patrouille nach kaum wahrnehmbaren Wegzeichen zu finden, zu unserem Ziel hätte führen können. Als wir dort ankamen, vor einem Steinhaufen, der genau wie alle andern aussah, blieb unser Anführer wie angewurzelt stehen und sagte in leiser Verzweiflung: »Schnur!« »Jesus, ja – Schnur«, sagten die andern im Chor. »Wir haben Schnur vergessen.«

Ich fragte mich, was Schnur mit dem Schuttproblem zu tun haben könnte. Während einer der Soldaten auf die Suche danach ging, erfuhr ich, dass unsere Amateur-Safeknacker sie brauchten, um eine Zündschnur draus zu machen.

Als wir endlich alles zusammen hatten, Schnur, Dynamit, meine Kameras, Blitzlicht und ein paar Fackeln, ließen wir uns durch ein Loch eine Leiter hinunter, durch ein zweites Loch, dann kam eine gefährliche Treppe, bis wir schließlich im dritten Kellergeschoss unter der Straße angelangt waren. Im Schein unserer Taschenlampen entdeckten wir, dass wir uns in einer Art Mischung aus Bloomingdale's Ausverkauf und Omas Speicher befanden. Da lagen Stöße von gefalteten Spitzenvorhängen, Schachteln mit Damasttischtüchern und Servietten, Kästen mit Silberbesteck, Koffer voller neuer und alter Kleidungsstücke und Haufen sauber zusammengelegter, billiger roter Baumwoll-Fahnen mit dem schwarzen, maschinengestickten Hakenkreuz.

Unter und zwischen all der Wäsche und den Hakenkreuzen fanden wir Reihen von dunklen, schlanken Flaschen in knisternden Strohhüllen. Ein paar der hübschesten enthielten aber nur Fruchtsaft. Zu wenig Sekt in den Kästen, klagten die GIs ärgerlich, aber Sergeant Asch, der ein Weinkenner war, meinte, viele dieser Weine seien wirklich edles Gewächs der besten Jahrgänge. Da war allen wieder wohler.

Blick über die zerstörte Hohenzollernbrücke
Die andere Rheinseite ist noch bis zum 14. April 1945 von der deutschen Wehrmacht besetzt.
Foto: Allen Jackson, 13. März 1945

Amerikanische Soldaten begutachten die Schäden
im Hauptbahnhof.
13. März 1945,
Fotograf unbekannt

Ehrenstraße
20. März 1945, Fotograf unbekannt

Zwei Damen und ein Uniformierter
haben den Krieg gut überstanden.
Fotos: Margaret Bourke-White, April 1945

Kölner lassen sich registrieren
in einem amerikanischen Militärbüro am Kaiser-Wilhelm-Ring 22.
Foto: Lee Miller, März 1945

Kölner werden mit Entlausungsmitteln behandelt
Foto: Margaret Bourke-White, April 1945

Erste Heimkehrer
1945, Fotograf unbekannt

Wartende Kölner
vor dem Gebäude der amerikanischen Militärregierung am Kaiser-Wilhelm-Ring 22,
Foto: Lee Miller, März 1945

George Orwell

Das Kölner Chaos in Ordnung bringen [1945]

Der noch nicht als Schriftsteller bekannte Autor verdiente sein Geld gegen Ende des Krieges als Reporter in Paris und im besetzten Deutschland. Seine Berichte und Essays gelten in ihrer präzise beschreibenden und vorurteilsfrei abwägenden Art journalistisch als maßstabgebend. Folgender ungekürzter Text vom 24. März 1945 erschien einen Tag später im Londoner Observer.

In Köln leben inmitten der Ruinen noch immer an die hunderttausend [sic!] Deutsche, die meisten von ihnen in den Vororten, wo noch einigermaßen bewohnbare Häuser stehen. Der ganze Kern der Innenstadt, einst berühmt wegen seiner romanischen Kirchen und seiner Museen, ist ein einziges Chaos: zerklüftete Mauern, umgestürzte Straßenbahnwagen, zerschossene Denkmäler und gewaltige Schuttberge, aus denen Eisenträger wie Rhabarberstangen hervorragen.

Als die Amerikaner die Stadt einnahmen, waren viele Straßen einfach unpassierbar, ehe sie von Bulldozern freigeschaufelt wurden. In der Stadt gibt es kein fließendes Wasser, kein Gas, keine Verkehrsmittel und für einige lebenswichtige Versorgungsbetriebe gerade nur so viel Strom, um zum Beispiel die Backöfen in ein paar Bäckereien in Gang zu halten. Die Deutschen scheinen jedoch noch hinreichend über Lebensmittelvorräte zu verfügen. Die Militärverwaltung – in Köln und Umgebung eine rein amerikanische Angelegenheit – packt die Aufgabe, das öffentliche Leben zu normalisieren, mit bewundernswerter Energie an.

Die Amerikaner haben eine primitive Wasserversorgung mittels Pferdewagen eingerichtet, sie kümmern sich um die medizinische Versorgung, sie geben eine Wochenzeitung in deutscher Sprache heraus, und sie haben die umfangreiche Aufgabe, die gesamte Einwohnerschaft zu registrieren und Fingerabdrücke abzunehmen. Dieser Aufwand war notwendig, um neue Lebensmittelkarten auszugeben, und gleichzeitig wurde der Zweck erreicht, die Nazis von den Nicht-Nazis zu unterscheiden.

In den ersten Tagen der Besetzung wurde sehr viel durch Zivilisten geplündert, so dass eine Bürgerpolizei aufgestellt werden musste. Unter der Leitung eines erfahrenen amerikanischen Polizeioffiziers entstand bereits eine erste Truppe aus 150 Deutschen, die aber weder Waffen noch Uniformen erhielten. Für diese und alle anderen Angestellten der Militärverwaltung gilt das Prinzip, niemanden einzustellen, für welche Aufgabe auch immer, von dem man wusste, dass er Nazi war.

Der neue Polizeichef zum Beispiel ist ein Jude, der den gleichen Posten bis 1933 bekleidete, ehe die Nazis ihn davongejagt hatten. Zur Ahndung von Vergehen, die von Spionage bis zum Verstoß gegen Verkehrsregeln reichen, wurden drei verschiedene Gerichtshöfe eingesetzt. Ich wohnte der ersten Sitzung des Mittleren Militärgerichts bei, das vergleichsweise schwere Vergehen behandelt und Gefängnisstrafen bis zu zehn Jahren verhängen kann. Ein junger, unappetitlich aussehender Nazi, einer der Führer der Kölner Hitler-Jugend, stand vor Gericht, nicht weil er dieser Organisation angehört hatte – die Militärregierung ließ bekanntgeben, dass die

Zugehörigkeit zu einer Nazi-Organisation allein noch kein Vergehen darstelle –, sondern wegen der Verheimlichung seiner Mitgliedschaft und wegen des Versuchs, die Mitgliederliste der HJ vor den amerikanischen Behörden zu verbergen. Er wurde zu sieben Jahren Gefängnis und einer Geldstrafe von 10.000 Mark verurteilt und zusätzlich für jede nicht bezahlte Mark zu einem weiteren Tag Haft.

Dieses Urteil erscheint als ziemlich hart, falls solche Strafen überhaupt voll abgebüßt werden müssen. Aber er war ganz offensichtlich schuldig, und die Fairness des gesamten Gerichtsverfahrens war derart beeindruckend, dass selbst der deutsche Verteidiger anerkennende Worte fand. Alles in allem scheinen die Amerikaner einen sehr guten Start gehabt zu haben, obwohl zu vermuten ist, dass noch zu einem späteren Zeitpunkt Schwierigkeiten auftreten werden, wenn die Bevölkerung erst einmal über die Bombardierungen hinweggekommen sein wird und die Versorgungslage sich noch zuspitzt.

Es ist ein ausgesprochen seltsames Gefühl, sich nach den langen Kriegsjahren schließlich auf deutschem Boden zu befinden. Man sieht sich umgeben von diesem »Herrenvolk« [*deutsch im Original*], das auf Fahrrädern seinen Weg zwischen den Trümmerhaufen sucht oder mit Krügen und Eimern umherjagt, um von einem der Pferdewagen Trinkwasser zu ergattern. Es ist schwer vorstellbar, dass es sich um die gleichen Menschen handelt, die gerade noch den europäischen Kontinent vom Ärmel-Kanal bis zum Kaspischen Meer beherrscht hatten und die auch unsere Insel hätten erobern können, hätten sie nur geahnt, wie schwach wir waren. Die Propaganda, vor allem ihre eigene, hat uns glauben gemacht, dass sie alle hochgewachsen, blond und arrogant seien. Was man in Köln jedoch tatsächlich sieht, das sind eher gedrungene, dunkelhaarige Menschen, offensichtlich demselben Schlag zugehörig wie die Belgier jenseits der Grenze. Jedenfalls sind sie keineswegs besonders auffällig. Allerdings sind sie wohl besser genährt als die Menschen in Frankreich und Belgien, auch haben sie moderne Fahrräder, und man sieht mehr Frauen in Seidenstrümpfen als bei uns in England. Aber sonst gibt es wirklich nichts Außergewöhnliches zu bemerken.

Eine gewisse Servilität, über die sich einige Beobachter bereits ausgelassen haben, ist mir eigentlich nicht aufgefallen. Freilich, einige Deutsche versuchen schon, sich anzubiedern; sie lungern ständig um die Büros der Militärverwaltung herum und ziehen ihre Hüte in fast abstoßender Eilfertigkeit, wenn man sie anspricht. Aber die Mehrheit der Deutschen scheint zurückhaltend und vielleicht sogar eher feindselig zu sein. Aus einigen Blicken, die dem meinen begegneten, glaubte ich eine Art von Trotz aufleuchten zu sehen, den Trotz der Verlierer, was mir, wenn es überhaupt etwas zu bedeuten hat, Ausdruck dafür zu sein scheint, dass diese Menschen zutiefst beschämt darüber waren, den Krieg verloren zu haben.

Es stimmt nicht, dass sie alle leugnen, jemals Nazis gewesen zu sein. Einige geben bei ihrer Registrierung zu, Parteimitglied gewesen zu sein, auch wenn sie dabei stets behaupten, unter Zwang gehandelt zu haben.

Offizielle Bekanntmachungen und Verordnungen, am Haus noch Hinweise auf einen Ausstieg aus einem Luftschutzraum, Foto: Lee Miller, März 1945

OFF LIMITS
TYPHUS
JANEY
Militärregierung Deutschland
MILITARY GOVERNMENT GERMANY
FRONTIER CONTROL
BEKANNTMACHUNG
PROCLAMATION No. 1
OFFICIAL LANGUAGE
Amtssprache
KLAMATION Nr. 1
LA

Vernichten von Propagandamaterial
Foto: Popperfoto, 1945
(mit zeitgenössischen Retuschen)

Retten von heilen Glasscheiben
Foto: Margaret Bourke-White, 1945

Das rechtsrheinische Köln war ab dem 14. April befreit
Foto: Walter Dick, 1945

Befreite ehemalige Zwangsarbeiterinnen
feiern mit amerikanischen Soldaten das Ende des Krieges am 8. Mai 1945. Fotograf unbekannt

Erster Rheinübergang
Eine Ponton-Brücke auf der Höhe der Schönhauser Straße, April 1945, Fotograf unbekannt

Junge Dame posiert für ein Erinnerungsfoto
ihres amerikanischen Freundes auf der zerstörten Hohenzollernbrücke. 1945, Fotograf unbekannt

»Amerikaner« oder »Tausendfüßlerbrücke«
aus Holz mit Schifffahrtsöffnung neben der zerstörten Deutzer Brücke vom Mai 1945 bis zum September 1946, 1945, Fotograf unbekannt

COLOGNE GERMANY
Lt GEN LESLEY J. McNAIR BRIDGE
A. S. C. Z.
ENGINEER GROUP "D"
DESIGNED BY 1067 ENG. CONST. GP.
CONSTRUCTED BY 1057 ENG. P. C. & R.
AND ATTACHED UNITS
373 ENG. G.S. REGT.
374 ENG. G.S. REGT.
1330 ENG. G.S. REGT.
417 ENG. D. T. CO.
CLASS BRIDGE
979 ENG. MAINT. CO.
329 H. C. CO.
469 AMPHIB. CO.
STATISTICS
1900 FT. OVERALL CONST.
1,400 TONS STEEL
290,000 FBM LUMBER
26,000 LIN. FT. PILES
1,600 SQ. YDS. PAVING
1,400 CU. YDS. FILL

9000 Fahrzeuge und 48 000 Personen
passieren täglich die Holzbrücke neben der zerstörten
Deutzer Brücke. 1946, Fotograf unbekannt

Groß St. Martin von Westen
mit beschädigtem Vierungsturm und Langhaus
von 1220, Foto: Karl Hugo Schmölz, 1946

St. Gereon
Beschädigtes Gewölbe des Dekagons
aus dem frühen 13. Jahrhundert,
Foto: Georg von Stavenhagen, 1946
(vgl. »Köln nach dem Krieg«, S. 352)

Blick durch die große Öffnung
des zerstörten Westportalfensters
auf den Domvorplatz,
Foto: Ruth Hallensleben, Mai 1948

St. Aposteln
und die Westseite des Neumarkts,
Foto: August Sander, 1946 (vgl. S. 114)

St. Georg
Blick von Osten, Zerstörung des romanischen Baus aus dem 12. Jahrhundert, Foto: Hubs Flöter, 1946

St. Kolumba
Spätgotischer Bau aus dem 15./16. Jahrhundert,
Foto: Hermann Claasen, 1945
(vgl. »Köln vor dem Krieg«, S. 231)

St. Maria im Kapitol
Blick aus dem Langhaus von 1240,
Foto: Ruth Lauterbach-Baehnisch, 1946

Hansasaal im Rathaus
1946, Fotograf unbekannt (vgl. S. 40)

Beschädigtes Rathaus
aus dem 14./15. Jahrhundert vom Alter Markt
aus gesehen, Foto: August Sander, 1946

Gürzenich
Festhaus der Stadt, das sich die Bürger von 1437–1444 bauen ließen, Foto: Karl Hugo Schmölz, 1946

Zeughaus
mit den um 1600 entstandenen Gewölbeträgern, Foto: Hermann Claasen, 1946

Hohenzollernring
Foto: Walter Dick, Dezember 1945

Das Bürgerhaus »Zum St. Peter«
aus der Spätrenaissance (1563) wurde 1920 in »Haus Zims« umbenannt. 1943 infolge eines Luftangriffs ausgebrannt, wurde es 1946 wiederaufgebaut. Foto: Photo-Seuffert, 1945

Die Oper am Habsburgerring von 1902
diente nach dem Krieg noch als Probebühne, Standesamt
und Verwaltungsbau, wurde aber 1958 abgerissen.
Foto: Walter Dick, 1946 (vgl. »Köln nach dem Krieg«, S. 188/189)

Blick vom Hansahochhaus
auf die Sprengung von Trümmerteilen der Hohenzollernbrücke,
Foto: vermutlich Erich Lambertin, 1946

Bergung von Trümmerteilen
der Hohenzollernbrücke,
dahinter der Aufbau der Patton-Brücke,
Foto: Rolf Gillhausen, 1946

Englische Militärs fordern die Bevölkerung zum »Ehrendienst« auf
Trümmerbeseitigung als Gemeinschaftsleistung,
Foto: Erich Lambertin, 1946

Margit Nünke
Die spätere »Miss Germany 1955« und »Miss Europe 1956« betätigt sich 15-jährig als Trümmerfrau.
Foto: Walter Dick, 1946 (vgl. »Köln nach dem Krieg«, S. 94)

Heinrich Böll
Stichworte [zu Ende 1945]

Als wir Köln wiedersahen, weinten wir. Wir kamen über die geländerlose, von Lehm glitschige Behelfsbrücke von Deutz herüber, ein englischer Panzer, der uns entgegenkam und ins Rutschen geriet, drängte uns fast in den Rhein. Wieder und noch einmal: Todesangst.

Das zerstörte Köln hatte, was das unzerstörte nie gehabt hatte: Größe und Ernst. Das Schicksal war in seiner Unbarmherzigkeit genau gewesen. Die Zerstörung war vollständig und kriegstechnisch vollkommen sinnlos: das war der angemessene Zustand für einen Ort, in dem wir leben wollten. Tränen, und von Allerheiligen noch die Kränze und Blumen auf den Trümmergrundstücken.

Das unzerstörte Köln war, bis in die wilden Bacchanalien hinein, die in Luftschutzbunkern stattfanden, während die Bomben fielen – es war unernst gewesen, unordentlich auch und, obwohl fast ein Jahrhundert lang Festung und große Garnison, nie militaristisch. Der Härte, die sich unter rheinischem Humor verbirgt, einer Härte, die kriminell werden kann, waren die ordentlichen und korrekten Preußen nie gewachsen. Köln war nie so recht Großstadt, immer Stadt, seine Verdorbenheit saß tiefer als die pointierte Verdorbenheit der gängigen Großstadt, die sich so leicht verfilmen lässt. Köln war richtiger, es war heiler als jede unzerstörte ländliche oder kleinstädtische Idylle, in der einer friedlich hätte Kartoffeln stehlen, Tabak pflanzen, Heiles schreiben, sich ausruhen und hätte einschlafen können [...]

Ich weiß nicht, warum ich mich weigerte, zu tun, was als jeden heimkehrenden Bürgers erste Pflicht mit neudemokratischem Enthusiasmus propagiert wurde: mich mit Schaufel und Hacke an der Enttrümmerung zu beteiligen. Es war nicht nur das Gefühl, Besseres zu tun und genug getan zu haben, es war nicht nur Faulheit, nicht nur Gleichgültigkeit gegenüber einem »Aufbauwillen«, dessen Geist sich nicht artikulierte. Vielleicht erinnerte mich die Art, wie sie da zusammenstanden, auf Schaufel und Hacke gestützt, einander von Krieg, Gefangenschaft und politischen Irrtümern erzählten, zu sehr an Stammtisch und Kampfkommandanturen gleichzeitig. (Beide, Stammtisch und Kampfkommandantur, sind ja inzwischen beliebte Modelle geworden.) Köln war eine große Stadt, und die einzige Möglichkeit, Hoffnung zu haben, war, in dieser zerstörten Stadt zu wohnen. Die Frage: Wie kann man in Köln leben?! ist inzwischen snobistischer und schlüpfriger, als sie je hat sein können. Ich erkenne in dieser Frage das alte (nicht unberechtigte) preußische Misstrauen gegenüber jenem Rheinland, das 1815 an Preußen fiel. Wenn schon gestellt, dann müsste die Frage längst lauten: Wie kann man in Deutschland leben?, und daraus ergäbe sich die zweite Frage: Ist Köln deutsch? Die überraschende Antwort lautet: ja. Der Zweifel an diesem Ja ist in der ersten Frage, mag sie stellen, wer will, immer enthalten. Die letzten Zweifel über dieses Ja fielen von mir, als ich an einem regnerischen Novembertag 1945 über die geländerlose, von Lehm glitschige Brücke mit meiner Frau, meiner Schwester und meinem Bruder zum ersten Mal seit Kriegsende wieder von Deutz nach Köln hinüberging. [...]

Strom war kontingentiert, Schwarzhandel mit Kilowatt noch nicht erfunden, Bestechung nicht möglich. Manchmal aber wird der Beruf eines Schriftstellers auch nach Anbruch der Dunkelheit noch ausgeübt, außerdem muss sich einer – unverschämt, wie Schriftsteller nun einmal sind – hin und wieder Hände und Füße wärmen. Jemand zeigte mir, wie man die Zählscheibe des Meters stoppt: man bohrt unten ein Loch in die plombierte Blechverkleidung, umwickelt einen drei- bis vierzölligen Nagel oben mit Watte, stößt ihn durch das Loch gegen die Zählscheibe, die weiß-rot, weiß-rot rotierend die verbrauchten Einheiten zählt; stellt man fest, dass die Zählscheibe tatsächlich in ihrer Bewegung innehält, keilt man den Nagel fest, beobachtet die Scheibe zur Kontrolle noch ein paar Sekunden – und ungezählt fließt der Strom durch den Meter in der Leitung, Licht und Wärme verbreitend. Es war nicht nur der falsche Trick, ich wandte ihn auch ungeschickt an, die Watte rutschte, ohne dass ich's bemerkte, ab, und der Nagel hinterließ auf der Zählscheibe jene Kratzspuren, die mich überführten, noch bevor ich gestand. Richtig ist es, die Plombe zu lösen, die Zählscheibe durch einen Magneten zu lähmen. Es gab Spitzel, sie bekamen Prämien, wenn sie einen erwischten, der auf die oben beschriebene Art nicht nur gegen die »Bewirtschaftungsbestimmungen« verstieß, sondern auch Diebstahl beging. Es galt der Grundsatz, der zwölf Jahre lang gegolten hatte: Man darf alles, man darf sich nur nicht erwischen lassen. Ich war erst verärgert, dann erleichtert, als ich erwischt wurde.

Auf der Aachener Straße
hilft Willy Millowitsch vor seinem Theater, Trümmer in die Loren zu verladen.
Foto: Peter Fischer, 1946

Fahrt über die Patton-Brücke
Foto: Walter Studer, März 1948

Ein Kriegsheimkehrer
wird am Bahnhof von seinem
Vater begrüßt.
Foto: Walter Dick, um 1946

»Hamsterer«
warten auf die Straßenbahn.
Foto: Walter Dick, 1946

»Hamsterer«
kehren mit Rucksäcken voll Essbarem von ihrer Tauschtour zurück, hier auf dem Zülpicher Platz, rechts die Mauern der Herz-Jesu-Kirche, im Hintergrund der Turm von St. Mauritius und der Dom. Foto: Walter Studer, März 1948

Schwarzmarkt kurz vor der Währungsreform am 20. Juni 1948
Foto: Walter Dick

Kriegskinder auf Krücken
als Zigarettenhändler,
Ehrenstraße/Ecke Friesenwall,
Foto: Walter Dick, um 1946

Polizeikontrolle
auf dem Schwarzen Markt
am Rheinufer,
Foto: Walter Dick, Juli 1946

Kohlenklauben am Bahndamm
Foto: Erich Lambertin, 1946

»Fringsen«
Kardinal Frings predigte Silvester 1946 unter anderem über die Zehn Gebote. Zum siebten Gebot (Du sollst nicht stehlen) sagte er: »Wir leben in Zeiten, da in der Not auch der einzelne das wird nehmen dürfen, was er zur Erhaltung seines Lebens und seiner Gesundheit notwendig hat, wenn er es auf andere Weise, durch seine Arbeit oder Bitten, nicht erlangen kann«; und so wurde der Begriff »fringsen« geprägt. Foto: Hermann Claasen, 1946

Trümmerreste in der Venloer Straße
Foto: Walter Dick, 1946

Zuteilung von Brikettrationen
an die Ehrenfelder Bevölkerung,
Foto: Walter Dick, Februar 1946

Provisorische Geschäftsaktivitäten
und
Käsestand auf der Hohe Straße
Fotos: Hermann Claasen, um 1947

Keramikgeschäft im Freien
Foto: Walter Dick, 1947

Zeitungskiosk
im Erdgeschoss eines zerstörten Hauses am Hohenzollernring,
Sommer 1946, Fotograf unbekannt

Notbau in der Friesenstraße
Foto: Walter Dick, 1947

Notunterkünfte in der Karthäusergasse
Fotos und Montage: Helmut Koch, 1947

Kriegskind
in der ehemaligen Fronhof-Kaserne, Bickendorf,
Foto: Walter Dick, März 1947

Notunterkünfte
Fotos: Walter Studer, 1948 (links), Walter Dick, 1946 (unten)

Die Verwechslungskomödie »Nina« (1931)
von Bruno Frank mit der Kölner Schauspielerin Friedl Münzer
im Audimax der neuen Universität, Foto: Westbild, 1945

WOYZECK

Hans Schalla

An die Freunde des Schauspiels [1946]

Im Hinterzimmer einer Gaststätte auf der Venloer Straße hatten die städtischen Bühnen von 1946 bis 1952 eine winzige Studiobühne eingerichtet. Im Programmzettel zur ersten Inszenierung, Büchners »Woyzeck«, bringt der Oberspielleiter der Kölner Bühnen und Regisseur des Stücks in spröden Worten die Möglichkeiten und Ambitionen eines avancierten Nachkriegstheaters auf den Punkt.

Das Studio will das Erlebnis Theater und im besonderen Schauspiel nackt zeigen; keine Theorie, kein Noch-nie-Dagewesenes, aber in den Trümmern des deutschen Theaters eine bestimmte lebendige Form. Forderungen sind, Sie dahin zu bringen, mehr zu sehen als vorhanden, uns auf Ihre Phantasie mit zu stützen. Den Schauspieler zu zwingen, sich bar aller äußerlichen Hilfsmittel nackt zu bekennen; den Regisseur, in kleinstem Raum mit den geringsten Mitteln das Äußerste an verdichtetem Ausdruck zu erreichen. Der Geist baue sich den Körper, Herr der Szene ist das Wort. In Verbannung primitiver Theaterinstinkte spielen wir ohne Requisiten, in Andeutung von Kostümen. Sie sollen sie deutlich sehen in Geste und Wort des Schauspielers. Wir zeigen die Ergebnisse wenigen; wenn sie wertvoll sind, werden sie für alle sein. Anschließend an die Vorstellungen, die wir uns ohne Applaus wünschen, stehen wir Ihnen in unserem Foyer Rede, suchen in Diskussionen Kritik, wenn sie bereit ist, unpersönlich und positiv und dadurch mitschöpferisch zu sein. Nicht für uns, für das Theater. Studio: Beitrag für eine rücksichtslose Entwicklung des Theaters trotz der verarmten Aussichten unseres Lebens.

»Woyzeck«
von Georg Büchner in der städtischen Studiobühne in der Venloer Straße, 1946, Fotograf unbekannt

»Wir sind noch einmal davongekommen« (1943)
von Thornton Wilder mit Friedl Münzer
und Rudolf Therkatz, Foto: Peter Fischer, 1946

»Draußen vor der Tür« (1946)
von Wolfgang Borchert, Bildmontage der Schauspieler,
Fotos und Montage: Chargesheimer, 1947

Wolf Strache

Eine Brücke in die Zukunft – Köln [1946]

Wenn man über das Schicksal vieler Städte berichtet, erkennt man nach einer gewissen Zeit eine erschreckende Gleichförmigkeit in ihrer aller Geschichte: Blütezeit, Zerstörung, mühsamer Wiederaufbau und eine verhängte Zukunft, die womöglich den gleichen Ablauf noch einmal bereit hält. Kaum eine unter den deutschen Großstädten blieb von diesem unerbittlichen Kreislauf im letzten Jahrzehnt ausgenommen. Und manchmal scheint es, als wenn erkennbare Unterschiede im Antlitz der einen oder anderen Stadt nur vom größeren oder geringeren Grad ihrer Vernichtung herrührten.

Dennoch: Tradition und Genius loci behalten ihre Wirksamkeit über die Zerstörung hinaus, ja, sie beeinflussen sogar noch die Gegenwart und die Planung in die Zukunft, und zwar so mächtig, dass die Entwicklung ins Morgen unverwechselbar ist. Die einzelnen deutschen Städte werden, das ist gewiss, auch in kommenden Zeiten an ihrem Grundriss, ihrer landschaftlichen Gebundenheit und ihrem spezifischen Temperament deutlich unterscheidbar und erkennbar sein.

Eine von jenen, die über die Zerstörung hinaus ihren Charakter, ihre Eigenart bewahren, ist Köln.

Sicherlich ist diese Stadt besonders hart getroffen worden. Bombenangriffe und Artilleriekämpfe sind über sie hinweg gegangen wie Orkane. Die Altstadt mit ihren vielen vertrauten Straßen und Winkeln, mit ihren kostbaren Kirchen und ihren lieben alten Kneipen ist zusammengesunken. Nur der Dom ragt einsam und fast unzerstört über eine Totenlandschaft, ein feierlicher Gruß all jenen, die in ihre heimgesuchte Stadt zurückkehren.

Dennoch: sie kehren zurück. Im Halbrund der Ringstraßen, die das alte Köln in weitem Bogen umschließen, wohnen jetzt, kurz nach dem Ende des Krieges, schon wieder 30.000 bis 40.000 Menschen. Die ganze Stadt mit ihren Vororten beherbergt bereits wieder über 520.000 Einwohner. Sie bauen sich, auf sich selbst gestellt oder mit Hilfe ihrer Nachbarn, aus den Trümmern kleine Behelfshäuser, winzige Wohnlöcher, manchmal auch eine saubere steinerne Baracke, aber sie siedeln sich so nahe wie möglich bei ihrer alten Heimstätte wieder an. Aus den Kellerlöchern mancher Ruine, die ausgebrannt und leer an der Straße steht, ragen unvermittelt ein paar Ofenrohre, die auf Leben deuten. Die frühere Parterre-Wohnung ist zum Hof geworden, wo jetzt Wäsche trocknet. Sie hausen wie die Zigeuner, aber sie wohnen wieder hinter »Maria im Kapitol«, oder am »Groß St. Martin« oder neben »St. Aposteln« oder im Schatten von »St. Gereon«.

Keine von den schönen romanischen Kirchen, die dieser Stadt eine so unvergleichliche Atmosphäre von Tradition und Würde gaben, ist erhalten geblieben. Aber ich sah in der Krypta von St. Gereon eine kleine Gemeinde versammelt, im Schutz der schweren romanischen Gewölbe betend. Es war ein Bild, wie man sich die ersten Christen beim heimlichen Gottesdienst in Höhlen und Katakomben vorstellt.

In der steinernen Wüste der zermalmten Stadt herrscht das Elend. Ich fand halbwüchsige Kinder zwischen Trümmern um ein Feuer sitzen, das sie sich aus verkohlten Balken eingestürzter Häuser gemacht hatten. Ich sah kleine Kinder, die im Schatten eines ausgebrannten Hauses Seilspringen übten, den zwanzigmal geflickten

»Das große Welttheater« (1655)
von Pedro Calderón de la Barca wird 24-mal in der Spielzeit 1947/48 in der beschädigten Jesuitenkirche St. Mariä Himmelfahrt von 1715 aufgeführt. Foto: Walter Dick, 7. August 1947

Strick an ein herabhängendes Wasserrohr geknotet. Ich sah Kinder, die einen von der Explosion einer Granate gekrümmten T-Träger als Rutschbahn benutzten; sie hatten ihn schon ganz blank gescheuert. Ich sah auch Kinder, die jeden vorübergehenden Engländer und jedes durchfahrende ausländische Auto um Zigaretten anbettelten, Zehn- und Zwölfjährige, die dann die Zigarette zu sieben Mark auf dem Schwarzen Markt verhandeln, und bei denen die Polizei manchmal ein Bündel Hundert-Mark-Scheine in den Hosentaschen findet.

Gegen das Übermaß der Zerstörung, gegen das Wohnungselend und die Verwahrlosung der Jugend, gegen den Hunger und die Verkehrsnot kämpft die Stadt mit ihren geringen Mitteln und bemüht sich, aus diesem Trümmermeer wieder die Anfänge eines neuen Köln zu schaffen. Aber es ist keine autoritäre, von oben her befehlende Bürokratie, die da am Werke ist, sondern die Beamten und Stadtverordneten packen ihre Aufgabe mit dem Ehrgeiz alter Kölner an und meistern sie mit jenem originalen Humor, der sich im Köllschen Dialekt widerspiegelt. Die Anordnungen des Magistrats kleiden sich nicht in das militärische »Sie haben sich ...« und nicht in das rechthaberische »Du sollst ...«, sondern sie sprechen die Kölner auf gut Platt an und sehen eher wie freundschaftliche Vorschläge aus, sich gegenseitig aus dem Dreck zu ziehen. So stellten sich eine Viertelmillion Kölner freiwillig zum Aufräumdienst, schafften 400.000 Kubikmeter Schutt fort und schaufelten eine halbe Million Quadratmeter Straßenflächen frei – nicht weil es befohlen wurde, sondern weil es um Köln ging.

Aber Trümmer beiseite schaffen, Straßen freilegen, Kanalisationen flicken, Straßenbahnwagen reparieren, Schulen wieder einrichten – das alles sind Sorgen, die jede Stadt hat und die hier so gut wie anderswo bewältigt werden müssen. Was Köln kennzeichnet, sind zwei Besonderheiten, die aus seiner Lage am weiten Flussbogen des Rheins erwachsen: seine Brücken und seine kulturelle Tradition. Diese Stadt, die sich heute beinahe kreisförmig um die große S-Kurve des Rheinknies legt, ist vom Beginn ihres Bestehens an eine Stadt der Brücken gewesen, sachlich und geistig. Jeder Wiederaufbau und jede Zukunftsplanung müssen von hier ihren Ausgang nehmen. [...]

Schon im Mai 1945 stand eine neue hölzerne Brücke oberhalb der alten Hängebrücke, von den Amerikanern erbaut und für mehr als anderthalb Jahre das wichtigste Bindeglied zwischen beiden Ufern. Später folgte die Patton-Bridge, die den Deutschen Ring mit dem Ausstellungsgelände am Deutzer Ufer verband, gleichfalls eine Hilfsbrücke, die die Engländer errichtet hatten. Als dritte wurde die Südbrücke für einen geringen Teil des Bahnverkehrs wieder instand gesetzt. Über diese Notlösungen hinaus greift das Projekt der neuen Deutzer Brücke, die nach modernsten Erfahrungen der Technik erbaut werden soll: eine kühne freitragende Verbindung über den Strom, die ohne Pylone und ohne Seile gespannt wird, wie eine Degenklinge über das Wasser gelegt – ein neues Wahrzeichen des alten Köln.

So wie vor Jahrzehnten die Hängebrücke die erste ihrer Art in Europa war, so soll auch diese neue Kölner Brücke als erstes Bauwerk seiner Gattung stehen. Man wird Erkenntnisse aus dem Flugzeug- und Karosseriebau nutzen und so vom Technischen und vom Geistigen her den Kölner Bauplänen einen ganz auf die Zukunft gerichteten Auftakt geben. [...]

Freilich, die weitsichtig geplanten Unternehmungen haben Zeit. Noch steckt das alte Köln tief im Dickicht seiner gegenwärtigen Not. Aber unbekümmert um alles, was vernichtet wurde, haben die geistigen und kulturellen Kräfte Kölns den Brückenschlag in die Gegenwart und die Zukunft begonnen. Die Museen wurden sämtlich zerstört, aber die Sammlungen blieben, bis auf geringe Ausfälle, erhalten. So sieht man nun eine

Kostbarkeit nach der anderen wieder in die eng gewordenen Räume der Stadt einziehen. Die Kölner hören es kaum und kommen schon in Scharen gepilgert, ihre alten Schätze zu sehen. Im schmalen Turmhaus der alten Eigelstein-Torburg, die wie ein Kastell mitten im Gewoge des Verkehrs steht, findet man die leuchtenden Meisterwerke holländischer und flämischer Malerei aus den Beständen des Wallraf-Richartz-Museums. Weiter südlich am Ring, im Bau des Hahnentors, zeigen Kölner Künstler ihre Gegenwartskunst, und in anderen Notunterkünften stellen sich rheinische und bergische Kunst zur Diskussion. Das Rautenstrauch-Joest-Museum breitet seine völkerkundlichen Schätze wieder aus, auch wenn es den Platz mit den Kammerspielen teilen muss, die unter dem gleichen Dach eingezogen sind. Überall sucht sich die Kunst ein Notasyl und beginnt optimistisch zu wirken, ohne nach dem sicheren Haus von morgen zu fragen: Schauspiel und Oper nutzen die große Aula der Neuen Universität, die Operette wählte sich einen ehemaligen Kinosaal im Hochhaus am Ring und die Staatliche Musikhochschule zieht ins alte Oppenheim-Palais am Oberländer Ufer.

Unbekümmert um tausend Schwierigkeiten ergreift die alte Domstadt wieder die Initiative, um den Rhein und das Rheinland zum Bindeglied Westeuropas zu machen. In einer eindrucksvollen Kundgebung des Geistes versammelte Köln in seinen zerstörten Mauern Deutsche, Engländer und Franzosen unter dem Motto »Der Rhein und Europa« und zeigte in Vorträgen und Schauspielen, in Kunstausstellungen und Musikdarbietungen, in Anregungen und Diskussionen einen Weg, um aus dem Chaos der Gegenwart heraus zu finden in die Klarheit gemeinsamen Denkens und Schaffens. Anlässlich dieser Demonstration der Kunst und des Geistes war es auch, dass die Stadt Köln drei einzigartige Besitztümer aus dem weiten Bereich ihrer künstlerischen Überlieferung der Öffentlichkeit übergab: das Dionysos-Mosaik, die Sammlung Kölner Glasmalerei und die Sammlung Haubrich. Das Dionysos-Mosaik hatte man unter dem Dom-Hügel gefunden, als man die Gewölbe zum Dom-Bunker aushob. Während des Krieges lag es unter einer riesigen Betonplatte geschützt. Nun gibt es, jedem zugänglich, seine leuchtende Farbenfülle preis: ein übermütiger Jubelgesang auf das Leben, vor rund eintausendachthundert Jahren auf den Boden eines römischen Palastes komponiert, der zweimal den Untergang dieser Stadt überlebte: den einen, der ihn nach dem Abzug der Römer mit Brandschutt bedeckte, und den zweiten, der ihn wieder ans Licht hob. – Die Sammlung Kölner Glasmalerei zeigt Glasfenster Kölner Kirchen vom 13. Jahrhundert bis zur Gegenwart. Die Kirchen sind zerschlagen, nun leuchten ihre geheimnisvoll brennenden Fenster in einzigartiger, stiller Versammlung im Gebäude der Neuen Universität – ein unfreiwilliges Geschenk des Krieges, der die Heimstätten dieser Kleinodien zertrümmerte und sie so zu wunderbarer Konzentration zusammenführte. – Das dritte, die Sammlung Haubrich, erwuchs gleichfalls aus Vernichtung und Not. Während die Werke moderner Kunst aus den deutschen Museen verbannt und verjagt wurden, sammelte Haubrich gerade die Verfemten und schuf sich so eine beinahe vollständige Kollektion expressionistischer Kunst, die alle großen Namen und Könner in sich vereinigt. Ruhelos und ohne Raum für seine Schätze kam er zu seiner Vaterstadt Köln und bat sie, die Sammlung als Geschenk anzunehmen. Nun flammen die Farben Noldes und Rohlfs, Erich Heckels und Xaver Fuhrs, Feiningers und Beckmanns und vieler anderer Gegenwartskünstler in den Sälen der halbzerstörten Alten Universität und sind zum Wallfahrtsort aller jungen Menschen geworden.

Das römische Köln, die mittelalterliche Kirchenstadt und die junge lebendige Stadt am Strom reichen sich von Kunstwerk zu Kunstwerk die Hand. Spürbar lebt die Tradition dieser zweitausend Jahre noch in den Ruinen. Es kann kein Zweifel sein, dass der Brückenschlag ins Morgen gelingt.

Verladung eines Autos am Rhein
Foto: Conrad Horster, 1947

Produktion des Ford-Lkw »Ruhr«
Foto: Walter Dick, vermutlich 1948

Notabitur ehemaliger Soldaten im Gymnasium Thürmchenswall
Foto: Walter Dick, 1947

Studierende lernen gemeinsam in der Universität.
Foto: Helmut Koch, 1946

Zur Brücke
JÜLICH
AACHEN
DÜREN
NEUSS
BONN
REMAGEN

Drahtseilakt der »Traber«-Truppe
auf dem Heumarkt,
1946, Fotografen unbekannt

Bestürmen der Eisenbahnwaggons
Foto: Peter Fischer, 1946

Deutzer Bahnhof
mit dem Denkmal für Nicolaus Otto und Eugen Langen,
Foto: Ursula Litzmann, 1948

Anstehen für eine Omnibusfahrt am Neumarkt
zu Tauschgelegenheiten im Umland, Foto: Helmut Koch, 1946

Trittbrettfahrer
auf dem Friesenplatz Richtung Ehrenfeld,
Foto: Walter Dick, 1946
(vgl. »Köln vor dem Krieg«, S. 51)

EL DE
23
25
Standesamt
Köln I

Carl Zuckmayer

Des Teufels General [1946]

Das Theaterstück, uraufgeführt am 14. Dezember 1946 in Zürich, Kölner Premiere 1947, spielt im Herbst 1941, und Fliegerleutnant Hartmann macht sich Sorgen um seinen »Ariernachweis«. Der sah vor, dass Beamte und höhere Angestellte im öffentlichen Dienst ihre christlich-arische Herkunft für alle vier Großeltern, die Eltern und sich selbst nachweisen mussten, für Angehörige der SS sogar bis ins 18. Jahrhundert zurück. Da eine seiner Urgroßmütter im Ausland geboren wurde und ihre Abstammung nicht eindeutig sei, hat Hartmanns Braut bereits ihre Verlobung aufgekündigt. Darauf bezieht sich der folgende Ausbruch von Luftwaffengeneral Harras:

[...] Da läuft so ein armer Junge mit einer unbestimmbaren Urgroßmutter herum. Na, und was wissen Sie denn über die Seitensprünge der Frau Urgroßmutter? Die hat doch sicher keinen Arierausweis verlangt. Oder – sind Sie womöglich ein Abkömmling von jenem Kreuzritter Hartmann, der in Jerusalem in eine Weinfirma eingeheiratet hat? [...] Denken Sie doch – was kann da nicht alles vorgekommen sein in einer alten Familie. Vom Rhein – noch dazu. Vom Rhein. Von der großen Völkermühle. Von der Kelter Europas! Und jetzt stellen Sie sich doch mal Ihre Ahnenreihe vor – seit Christi Geburt. Da war ein römischer Feldhauptmann, ein schwarzer Kerl, braun wie ne reife Olive, der hat einem blonden Mädchen Latein beigebracht. Und dann kam ein jüdischer Gewürzhändler in die Familie, das war ein ernster Mann, der ist noch vor der Heirat Christ geworden und hat die katholische Haustradition begründet. – Und dann kam ein griechischer Arzt dazu, oder ein keltischer Legionär, ein Graubündner Landsknecht, ein schwedischer Reiter, ein Soldat Napoleons, ein desertierter Kosak, ein Schwarzwälder Flözer, ein wandernder Müllerbursch vom Elsass, ein dicker Schiffer aus Holland, ein Magyar, ein Pandur, ein Offizier aus Wien, ein französischer Schauspieler, ein böhmischer Musikant, – das hat alles am Rhein gelebt, gerauft, gesoffen und gesungen und Kinder gezeugt – und – und der Goethe, der kam aus demselben Topf, und der Beethoven, und der Gutenberg, und der Matthias Grünewald, und – ach was, schau im Lexikon nach. Es waren die Besten, mein Lieber! [...] Und warum? Weil sich die Völker dort vermischt haben. Vermischt – wie die Wasser aus Quellen und Bächen und Flüssen, damit sie zu einem, großen, lebendigen Strom zusammenrinnen. Vom Rhein – das heißt: vom Abendland. Das ist Rasse. Seien Sie stolz darauf, Hartmann – und hängen Sie die Papiere Ihrer Großmutter in den Abtritt. Prost.

Szenenfoto aus »Des Teufels General«
mit René Deltgen als Harras und Rolf Henniger als Hartmann, Foto: Peter Fischer, 9. Januar 1948

Hochzeitsfoto
vor dem wenig beschädigten EL-DE-Haus. Von 1935 bis 1945 Dienststelle der Geheimen Staatspolizei (Gestapo), wird das Gebäude unmittelbar nach Kriegsende von der Stadt Köln weitergenutzt: Standesamt, Besatzungsamt, Preisbehörde, Amt für Verteidigungslasten, Rentenstelle und Rechts- und Versicherungsamt. Um 1946, Fotograf unbekannt

Vor dem abgestürzten Reiterstandbild
Friedrich Wilhelms III. und einem Tabakwarenkiosk
werden auf dem Heumarkt Waren getauscht.
Foto: Ursula Litzmann, Frühjahr 1946

Erstes italienisches Eisbüdchen
Foto: Walter Dick, 1948

Großzügige Glasvitrine
in der Trümmerlandschaft. Foto: Benno Wundshammer, 1948

Kochen mit einfachsten Mitteln
Foto: Walter Dick, 1948

Junge Dame posiert für den Fotografen
Foto: Benno Wundshammer, 1948

Frühjahrsmesse im April 1948
im Staatenhaus der Messe in Deutz,
Fotos: Carl August Stachelscheid

Das C.A.R.E.-Paket
birgt Überraschungen für
die ganze Familie.
Fotos: Walter Dick, 1947 (links),
Fotograf unbekannt (unten)

Zur Währungsreform am 20. Juni 1948
bekommt jeder das »Kopfgeld« von 40 Mark.
Fotograf unbekannt

Überraschend große Auswahl
in den hell erleuchteten Schaufenstern
nach der Währungsreform,
Fotos: Benno Wundshammer, 1948

Auch Nonnen helfen
bei der Dachreparatur.
Foto: Erich Lambertin,
um 1948

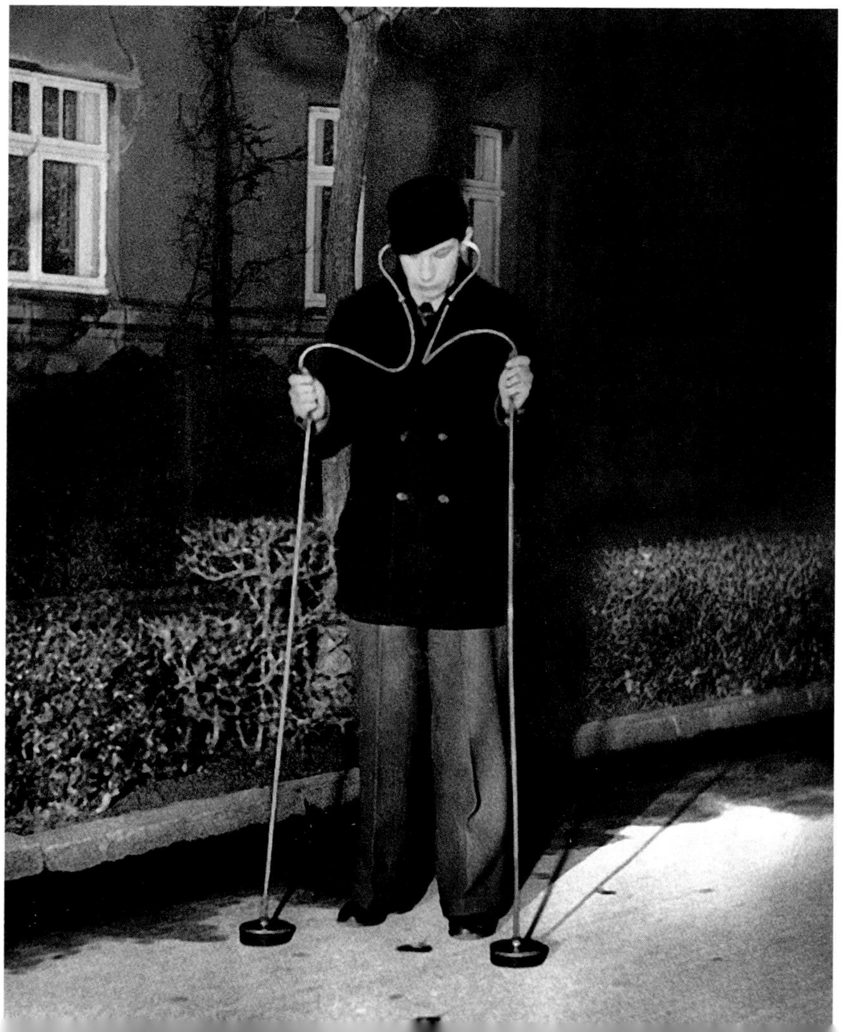

Schadensucher mit seinem Suchgerät
in der typischen Horchstellung, um in der nächtlichen Stille einen der vielen Schäden im Kölner Wasserrohrnetz aufzuspüren, durch die bis 1950 große Mengen an Wasser versickerten, um 1948,
Fotograf unbekannt

Bauarbeiten
um 1948, Fotograf unbekannt

FEINKOST
Henneberger
Tiefgekühltes

Schlangestehen vor dem Feinkostladen
Foto: Peter Fischer, 1948

Kaffeetrinken am Rhein
Foto: Hermann Claasen, 1948

Die 1946 begonnenen Ausgrabungen im Dom machen die Grundmauern und die Westapsis des sogenannten Alten Doms aus dem 9. Jahrhundert sichtbar. Um 1949, Fotograf unbekannt

Reparaturen am Dach des südlichen Seitenschiffs, 6. April 1946, Fotograf unbekannt

Instandsetzungsarbeiten an den Maßwerken
im südlichen Querschiff,
Foto: Ruth Hallensleben, Juli 1948

Glaser verankern Windeisen mit Blei
Foto: Ruth Hallensleben, Mai 1948

Eine Woche vor Beginn
der 700-Jahr-Feier werden die letzten
Schuttberge vor dem Dom entfernt.
Foto: Ruth Hallensleben, August 1948

Festwoche zur 700-Jahr-Feier des Kölner Doms
ab dem 16. August 1948.
Als Höhepunkt zog eine Prozession durch die Stadt, bei der neben dem Dreikönigenschrein acht weitere Schreine aus Kölner Kirchen erstmals wieder der Bevölkerung sowie zahlreichen ausländischen Bischöfen und Ehrengästen gezeigt werden konnten. Zuschauer nutzten jede Gelegenheit zur Teilnahme.
Fotos:
Carl August Stachelscheid (rechts),
Fotograf unbekannt (links)

Feier im notdürftig hergestellten Dom
mit Aufnahmen für die Wochenschau,
Foto: Heinz Sangermann, 1948

Der Abgesandte des Papstes

Kardinal Micara übergibt an die am Domaufbau beteiligten Arbeiter
ein Bild des Papstes Pius XII. Foto: Ruth Hallensleben, 1948

Zehntausende warten vor dem Dom-Hotel
südlich des Doms
(heute Roncalliplatz).
Foto: Willy van Heekern, 1948

Erinnerungsfoto vom Domfest
1948, Fotograf unbekannt

Neubau der Deutzer Brücke auf den Resten der Hängebrücke, Foto: Ruth Hallensleben, 1947

Bauarbeiten auf der Hohenzollernbrücke
Im Hintergrund Bau der neuen Deutzer Brücke, der ersten Stahlkastenträgerbrücke der Welt, Foto: Willy van Heekern, 1947

Mit einem letzten Teilstück wird die neue
Deutzer Brücke geschlossen
Foto: Karl Hugo Schmölz, 20. August 1948

Der päpstliche Abgesandte Kardinal Micara
weilte seit der 700-Jahr-Feier des Kölner Doms noch in der Stadt und segnete auch die Brücke, hier mit Prälat Dr. Lenné.
Foto: Walter Dick, 20. August 1948

Teilnehmer an der feierlichen Weihe der Deutzer Brücke
Verschiedene Würdenträger (oben), Bauarbeiter (Mitte), der Oberbürgermeister Ernst Schwering (unten links) und Kardinal Frings (unten Mitte) waren zugegen. Mit einem Fotoapparat der Fotograf Chargesheimer (unten rechts),
Fotos: Herrmann Schlingenthal (oben und Mitte),
Erich Behnke (unten), 20. August 1948

Deutzer Brücke mit Blick auf Deutz
Rechts an der Kaimauer ein Demontage-Protest der Kommunistischen Partei Deutschlands (KPD), Foto: Hans Hartz, 1950

Rudolf Schwarz
Die Stadt der Zukunft [1948]

Rudolf Schwarz war 1946 zum »Generalplaner« der Stadt bestellt worden und damit der maßgebliche Architekt des Kölner Wiederaufbaus. Der hier stark gekürzte Text beruht auf einem Vortrag, den Schwarz bereits 1947 gehalten hatte. Die wiedergegebenen Passagen konzentrieren sich auf die Herausarbeitung der von Verkehrsbändern umschlossenen Stadtviertel als relativ eigenständigen Gemeinden.

[...] Die Großstadt ist tot. Wir haben an Stelle der Großstadt heute die Stadtlandschaft, die Mischung von Landschaft und Stadt, die beider Vorteile in sich enthält. Aber es kommt an ihre Stelle die Hochstadt. Die Hochstadt ist ein Gebilde, das nicht mehr diese vielen Hunderttausende von Einwohnern hat, das aber den hohen Dingen zugeordnet ist, den seltenen Dingen, denen die Sprache selbst schon den Charakter des Hohen zuerteilt. Diese hohen Dinge für eine ganze Landschaft zu leisten, ist die neue Aufgabe der wirklichen Stadt, in unserem Falle der verborgenen Stadt, die übrig bleibt, wenn man sich die ganzen Vororte auf eigene Füße gestellt denkt. [...]

Die ihrer Stille zurückgegebene Altstadt wird natürlich einen gewissen Verkehr haben. Was machen wir mit diesem Verkehr? Mit den großen Achsen lässt es sich ganz gewiss nicht machen. Wir wollen versuchen, die zusammengehörenden Stadtteile mit ihren traditionellen Linienzügen beizubehalten, die Straßen schmal zu lassen als in die Länge gezogene Märkte. Die schöne alte Severinstraße war ein Zug von drei Märkten mit je einer Kirche dran. Wir haben sozusagen noch die alten inneren Dorfstraßen. In Köln war die Teilung nach Vierteln stark ausgeprägt. Jedes Viertel hatte seine Straße; um die Straße herum waren die Geschäfte. Wir wollen das beibehalten. Zwischen die traditionellen Viertel wollen wir Verkehrsstraßen legen, wobei die innerstädtische Verkehrsstraße etwas ganz anderes ist als etwa die außenstädtische Ausfallstraße. Es ist eine Straße, die nicht zügig durchgeführt werden muss, sondern zu der hin Verkehr quillt und von der aus Verkehr sich ausfasert. Dadurch werden die Viertel wie Inseln vom Verkehr umflossen. Auf diese Weise werden wir den alten Stadtgrundriss erhalten. Es ist fast das einzige, was wir haben: den Grundriss der Stadt als ehrwürdiges Dokument. Wenn wir die Altstadträume erhalten, erhalten wir fast alles, was da war. Denn die tatsächlichen Inhalte, die alten Häuser in Köln, deren waren gar nicht so viele. Dadurch, dass man die ganze städtische Entwicklung in die Innenstadt gedrängt hat, sind die alten Stadthäuser fast alle abgebrochen.

Es ist noch zu sagen, dass die Bürger eine schöne Liebe zu ihrer alten Stadt haben, eine Liebe, die sich darin äußert, dass man am liebsten die Stadt so wiederhaben möchte, wie sie nie gestanden hat. Wir können keine künstliche Altstadt fabrizieren. Wenn man aber einmal richtig fragt, was hinter solchen Forderungen steht, dann sind das sehr ernstzunehmende Dinge. Wir haben vor allem die Liebe zum Behaglichen, zum Gemütlichen, das man nicht durch rasenden Verkehr zerstört haben möchte. Und dann die Liebe zum menschlichen Maßstab, zur kleingeteilten Häuserfront, zum Haus, das noch eine Familie ausfüllt, die unten ihr Geschäft und oben ihre bürgerliche Wohnung hat. Wir wollen diesen Maßstab in der Altstadt beibehalten. [...]

Wir kommen nun zur Ausweitung der Vororte, soweit sie eingeschobene oder angeschobene Außenstädte sind. Das ist nun eine bunte Versammlung von allen möglichen Gebilden. Es ist da Ehrenfeld, das mit seinen Außenorten selbst eine Großstadt ist von der Größe von Heidelberg oder Tübingen etwa. Aber wie arm doch, gemessen an diesen Kulturstätten, wie armselig in seinen Inhalten, nur bestehend aus einem Haufen von Mietskasernen an irgendwie winklig gezogenen Straßen! Kein Lebensinhalt als Wirtschaften, ein dürftiges Kino, keine Möglichkeit, sich zu erholen. Dieses Ehrenfeld ist eines unserer dunkelsten Kapitel, aber daneben auch Mülheim, Kalk und viele andere Orte. [...] Ein Ehrenfelder, den wir befragten, sagte: »Wenn man in Ehrenfeld mit der Straßenbahn irgendwohin will, wird man erst mal auf alle Fälle nach Köln gefahren, und dann fahren sie einen wieder zurück.« Einfach deswegen, weil man nur die radiale Vorortsbeziehung gesehen hat. Organisiert man dagegen quer, dann ergibt sich ein hübsches Bild, und so könnten wir einen Kreis von Außenstädten um die Stadt herum planen.

[...] Die normale Situation des Vororts sollte sein, dass er zwischen zwei Ausfallstraßen und zwischen zwei Ringstraßen im rechteckigen Felde liegt. Innerhalb dieses Gebildes wird es kaum einen Verkehr geben. Wer fährt, geht zu einem der vier Eckpunkte hin. Da will er hin, um wegzufahren, oder er kommt von einem dieser Eckpunkte. Wir müssen also nach diesen Ausfallstraßen hin den Verkehr sammeln. Wenn man sich entschließt, die große Verkehrsstraße als umrandende Funktion anzusehen, muss man sich auch dazu bekennen, dass der Verkehr nach innen dünner und nach außen dichter wird in solchen Vororten. Dann kann man in die Mitte eine Wiese hineinlegen, die Schulen und öffentlichen Gebäude. Die Mütter können ihre Kinder dahinschicken ohne Sorge, dass sie verunglücken. Nach innen triumphiert der Fußgänger und das Lautlose.

Abfahrt der Deutzer Brücke
in die Gürzenichstraße,
Foto: Walter Dick, um 1950

Hohenzollernring
Foto: Walter Dick, 1950
(vgl. S. 27)

Brückenstraße mit Auto, Hohe Straße mit Fußgängern
Links die Minoritenkirche, rechts der Rathausturm,
Fotos und Montage: Walter Dick, 1949 (digitale Nachbearbeitung 2016)

Unbeschädigter Häuserblock zwischen Lupusstraße und Neusser Straße
Anfang der 1950er-Jahre, Fotograf unbekannt

Vorkriegsbebauung
an der Vasterstraße und Ossendorfer Straße in Ehrenfeld,
Foto: Hans Reinhardt, um 1950

An der Äußeren Kanalstraße
in Ehrenfeld,
Foto: Hans Reinhardt, um 1950

Kölns bekannteste Straßenmusiker »Rabaue«
Foto: Hermann Claasen, 1950

Neumarkt, Blick Richtung Zeppelinstraße
Foto: Peter Kleu, nach 1948

Mottowagen im Kölner Karneval 1950
zu den Entnazifizierungsmaßnahmen der Siegermächte,
Foto: Bert Müller-Schwanneke

Erster Veedelszoch nach dem Krieg
Kaiser-Wilhelm-Ring / Ecke Hermann-Becker-Straße,
Fotos: Walter Dick, 1950

Auf dem »Kölner Kurs«
am Südverteiler der Autobahn nach Bonn wurden Motorrad- und Autorennen ausgetragen. Hier der Start der 1000-cm^3-Sportwagen,
Foto: Conrad Horster, 1949

Steherrennen auf der Radrennbahn
Foto: Sport-Foto-Otten, 1949

Galopprennbahn Weidenpesch

Da die Rennbahn in Hamburg noch kriegsbeschädigt ist, findet das Deutsche Derby 1947 in Köln statt. Fotograf unbekannt (vgl. »Köln vor dem Krieg«, S. 26)

»Die feindlichen Nachbarn«
Uraufführung der einaktigen Kammeroper von Paul Breuer nach Wilhelm Busch in den Kammerspielen am Ubierring, 21. Januar 1949, Fotograf unbekannt

»Madame Butterfly«
von Giacomo Puccini ist seit 1941 erfolgreich im Kölner Opernrepertoire. In der Spielzeit 1949/50 wird sie mit Trude Eipperle und Karl Bernhöft 56-mal in der Aula der Universität aufgeführt, die den Städtischen Bühnen als Ersatzspielstätte bis 1957 diente.
1949, Fotografen unbekannt

Reisegruppe vor dem Dom
Juni 1949, Fotograf unbekannt

Eisbär-Fotoanimation
Seit 1947 finden in den Messehallen in Deutz wieder Messen statt.
1949, Fotograf unbekannt

Entspannung am Rheinufer
Foto: Bert Müller-Schwanneke, Juli 1950

Die Ausstellung »Köln – 1900 Jahre Stadt«
im Staatenhaus der Messe soll »dem Kölner Bürger die Tradition seiner altehrwürdigen Heimat lebendig machen!« (Zitat Oberbürgermeister Schwering).
1950, Fotograf unbekannt

Festakt zur Ausstellung
»Köln – 1900 Jahre Stadt«
im provisorisch hergerichteten
Saal des Gürzenich,
Foto: Walter Dick, 25. Juni 1950

Tür aus St. Maria im Kapitol
von 1065 und in der Mitte
St. Ursula als Schutzmantelfigur
von 1465. Beide Werke sind nach
ihrer kriegsbedingten Auslagerung
erstmals wieder in Köln zu sehen.
1950, Fotograf unbekannt

WARNER BROS. FILM
FILMGESELLSCHAFT
RESIDENZ
THEATER
RED SKELTON
VENUS
FRANZISKANER
SPATENBRÄU
WARNER BROS
COLUMBIA
DEUTSCHE LONDON FILM

Amerikanischer Musicalfilm »Badende Venus«
von 1944 im Kino »Residenztheater« am Kaiser-Wilhelm-Ring,
Foto: Karl Hugo Schmölz, 1950

Das Ofenhaus Leisten
präsentiert seine Ware in neuen Räumen in der Hahnenstraße, (Architekt: Wilhelm Riphahn).
Fotos: Karl Hugo Schmölz,
März 1949

APPELRATH
WALTER KOCKENBERG
PHOTO KURTH

Neue einheitliche Geschäftszeile
auf der Südseite der Hahnenstraße nach Plänen von Wilhelm Riphahn. Die rückwärtige achtgeschossige Wohnbebauung am Marsilstein folgte einige Jahre später. Foto: Karl Hugo Schmölz, 1949

Nachwort des Herausgebers

Die Historische Gesellschaft gibt die auf 13 Bände konzipierte wissenschaftliche Stadtgeschichte heraus. Sie orientiert sich in Form und Umfang an der politischen und historischen Stellung Kölns, das seit 2000 Jahren eine bedeutende Großstadt mit vielen Höhen und Tiefen ist. Das Ziel der Buchreihe ist die Verankerung des vorhandenen historischen Wissens in der Bürgerschaft und allgemeinen Öffentlichkeit. Darum prägen klare Thesen und gute Erzählungen den Erfolg unserer Bände und ermöglichen ihre breite Rezeption in den Medien.

Diese Bücher nähern sich der Geschichte Kölns trotz vielfacher Illustrationen eher wort- und ideenorientiert. Für das historische Bewusstsein prägend sind als historisches Faktenwissen aber auch Fotografien und Bilder. Darum freue ich mich, mit dem nun vorliegenden Band bereits das dritte Fotobuch mit herausgeben zu dürfen, in dem die neuere Geschichte Kölns anhand von Bildern erzählt wird. Denn nach denselben Qualitätskriterien wie die wissenschaftliche Stadtgeschichte orientieren die Autoren dieser Bildbände ihr gesamtes Material. Man muss beispielsweise nur die Dokumentarfotografien der Stollwerck-Weihnachtsfeiern aus den Jahren 1940, 1942 und 1943 zusammenschauen, um die negative Veränderung der Kriegsstimmung in der Stadt nachzuvollziehen.

Die Autoren Reinhard Matz und Wolfgang Vollmer suchen ihre Fotografien nach ästhetischen und vor allem erzählerischen Kriterien in zahlreichen, auch weit überregionalen Archiven. Dabei kommt es zu homogen erscheinenden Bildstrecken, aber den Erfahrungen einer Großstadt entsprechend auch manchmal zu überraschend dissonanten Gegenüberstellungen und Abfolgen. Das Gesamtprojekt dieser Trilogie zur visuellen Geschichte Kölns zwischen der Domfertigstellung im Kaiserreich und dem Ende der Bonner Republik schlägt in acht Kapiteln einen großen Bogen, in dem die ereignis- wie facettenreiche Geschichte der jüngeren Vergangenheit ablesbar wird. Dazwischen liegen gerade einmal 110 Jahre, aber was ist in dieser Zeit nicht alles in und mit der Stadt passiert!

Die drei Bände orientieren sich am Zweiten Weltkrieg als dem sicherlich einschneidendsten Ereignis der jüngeren Geschichte und tragen ihn nicht zufällig im Titel: »VOR dem Krieg«, »NACH dem Krieg« sowie »UND der Krieg«. Dennoch beschränkt sich dieser mittlere Band nicht auf die fünf Kriegsjahre und auch nicht, wie vielfach üblich, auf die zwölf Jahre der NS-Herrschaft. Er berichtet auch nicht, wie es teilweise immer noch geschieht, über die historische Entwicklung, als wäre die Diktatur der Nazis irgendwie »über die Menschen in Köln (oder anderswo) gekommen«, so als wäre sie nicht von Millionen jubelnd mitgetragen worden.

Auch gehört es inzwischen zu den geschichtswissenschaftlichen Standards, politische Zäsuren nicht absolut zu nehmen. So einschneidend vor allem der März und Mai 1945 für die Kölner Geschichte sind, so offensichtlich sind auch die Kontinuitäten. Die politische Befreiung änderte nichts an sozialen Nöten und kollektiven Ängsten. Das Ende der Bombennächte führte erst einmal zu vermehrtem Hunger, das Ende der Diktatur auch zu politisch-moralischer Desorientierung, über die hinweg ein autoritativer Führungsstil noch viele Jahre weiterbestand. Und auch die sozial und wirtschaftlich so wichtige Währungsreform von 1948 füllte zwar die Schaufenster und Läden, war aber noch keine Zäsur auf dem Weg zu einem modernen Sozialgefüge im Rheinland.

Vor allem unser großer Band von Horst Matzerath über Köln in der NS-Zeit wird durch die vorliegende Publikation anschaulich bestätigt und ergänzt. Der neue Blick von Matz und Vollmer öffnet viele Augen für die Kölner Geschichte wie auch für die geschichtsbildende Kraft der Bilder selbst. Erinnert sei hier nur an die Erfahrung, die viele Historiker mit den Konflikten um die Wehrmachtsausstellung machten. Daran gemessen sind deren Macher, die Fotografen, noch viel zu weit vom Fokus der (foto)historischen Forschung und Würdigung entfernt.

Köln hat das Glück, bedeutend genug zu sein, um immer wieder von auswärtigen Bildautoren thematisiert zu werden, und es ist auch groß und attraktiv genug, um von wichtigen Fotografen als Standort gewählt zu werden. Deren Werke sind allerdings noch viel zu unbekannt und auch kaum erforscht. Von wenigen gibt es zumindest schmale Monografien, die aber nur Teilbereiche ihres Werks erschließen: Hannes Maria Flach, August Kreyenkamp, Erich Lambertin oder Benno Wundshammer. Etwas weiter reichen die Kenntnisse zu Hermann Claasen, Walter Dick, Ruth Hallensleben, Werner Mantz sowie Jakob und Wilhelm Scheiner oder Hugo und Karl Hugo Schmölz. Recht gut sichtbar sind eigentlich nur Chargesheimer und August Sander. Aber was ist mit Namen wie Eugen Coubillier, Theodor Creifelds, Theo Felten, Peter Fischer, Peter Geus, Hermann Jansen, Wilhelm Matthäus, Anselm Schmitz, Carl Scholz, Johann Heinrich Schönscheidt, auf deren Schultern die vorliegende Trilogie vielfach steht? Sie alle hätten eine umfängliche Monografie verdient! Aber ihre Arbeiten sind verstreut, und so ist von ihnen kaum mehr als ihr Name bekannt. Hierin liegt ein weitreichendes Desiderat an die Lokalforschung, die zweifellos noch viele Erkenntnisse zur Stadtgeschichte in ihrer visuellen Konkretion erbrächte.

Die Autoren haben viel Unterstützung und Hilfe von Personen und Institutionen im In- und Ausland erfahren. Dies zeigt nicht nur ihre Vernetzung in der Welt der Archive, der Fotografie und der Wissenschaft, sondern zugleich die Bedeutung Kölns. Aber wer hilft nicht gerne, wenn am Ende eine derart profunde, durchkonzipierte und überaus anschauliche Publikationsreihe vorliegt? Allen Beteiligten sei herzlich gedankt!

Professor Dr. Jürgen Wilhelm
Vorsitzender der Historischen Gesellschaft Köln e.V.

Bildnachweis

Es werden folgende Abkürzungen verwendet: **BK:** Bilderbuch Köln; **KFA:** Kölner Fotoarchiv, Sammlung Vollmer, Köln; **LAV NRW R:** Landesarchiv NRW – Abteilung Rheinland; **MDS:** Mediengruppe M. DuMont Schauberg; **RBA:** Rheinisches Bildarchiv Köln; **RWWA:** Stiftung Rheinisch-Westfälisches Wirtschaftsarchiv zu Köln.

Umschlagvorderseite: Ursula Litzmann/DHM, Berlin; **Umschlagrückseite:** © RBA, Hermann Claasen, rba_086970; **Umschlaginnenseite:** RheinEnergie AG, Historisches Archiv; **2:** The National Collection of Aerial Photography, Edinburgh; **3:** © LAV NRW R, RWB_02279_0016, Fotograf: NSDAP Köln-Aachen (evtl. Julius Radermacher); **4:** Münchner Stadtmuseum, Sammlung Fotografie, Archiv Flöter; **5:** © RBA, Theo Felten, rba_d040268; **6:** MDS; **8:** LVR-LandesMuseum Bonn; **10:** MDS; **13:** Walter G. Müller, Brühl; **16:** © LAV NRW R, RWB_03581_0027, Fotograf: Erich Behnke; **18, 19:** NS-Dokumentationszentrum der Stadt Köln; **22:** Verlagsarchiv; **25:** Transit Film GmbH, München; **27:** BK; **28:** akg-images; **29:** United Archives, Köln; **30:** Dr. Paul Wolff & Tritschler, Historisches Bildarchiv, 77654 Offenburg; **31:** KFA; **32:** United Archives, Köln; **33:** KFA; **34:** Bildarchiv der Eisenbahnstiftung; **35:** KFA; **36:** Dr. Paul Wolff & Tritschler, Historisches Bildarchiv, 77654 Offenburg; **37:** Kölnisches Stadtmuseum; **38/39:** RWWA Stollwerck 208 - F 2210; **40, 41:** Archiv Karl Hugo Schmölz, Archiv Wim Cox, Köln; **42 oben:** KFA; **42 unten:** NS-Dokumentationszentrum der Stadt Köln; **43 oben:** RWWA Stollwerck 208 - F 6446; **43 Mitte:** RWWA Stollwerck 208 - F 6425; **43 unten:** RWWA Stollwerck 208 - F 6453; **44:** © LAV NRW R, RWB_18347_0016, Fotograf: Erich Behnke; **45:** © LAV NRW R, RWB_02220_0001, Fotograf: Julius Radermacher; **46:** © RBA, rba_d040272; **49, 50:** NS-Dokumentationszentrum der Stadt Köln; **51:** © LAV NRW R, RWB_03539_0001, Fotograf: Erich Behnke; **52 oben:** RWWA Stollwerck 208 - F 6504; **52 unten:** RWWA Stollwerck 208 - F 6493; **53 oben:** RWWA Stollwerck 208 - F 6492; **53 unten:** RWWA Stollwerck 208 - F 6518; **54 oben links:** Ruth Hallensleben/Ruhr Museum; **54 oben rechts:** Geschichtswerkstatt Kalk e.V.; **54 unten:** ullstein bild; **55:** INTERFOTO/imageBROKER/H.-D. Falkenstein; **56:** KFA; **57:** © LAV NRW R, RWB_19237_0014, Fotograf: Erich Behnke; **58:** NS-Dokumentationszentrum der Stadt Köln; **59 oben:** © LAV NRW R, RWB_02233_0012, Fotograf: Julius Radermacher; **59 unten:** © LAV NRW R, RWB_02235_0014, Fotograf: Julius Radermacher; **60:** © LAV NRW R, RWB_02236_0009, Fotograf: Julius Radermacher; **61 oben:** © LAV NRW R, RWB_19255_0016, Fotograf: Erich Behnke; **61 unten:** NS-Dokumentationszentrum der Stadt Köln; **62/63:** © LAV NRW R, RWB_19230_0010, Fotograf: Erich Behnke; **64:** NS-Dokumentationszentrum der Stadt Köln; **65 links:** Kölner Sportgeschichte e.V./Haus des Kölner Sports; **65 rechts:** NS-Dokumentationszentrum der Stadt Köln; **66:** © LAV NRW R, RWB_19191_0005, Fotograf: Erich Behnke; **67:** GALERIA Kaufhof GmbH, Köln; **68:** © Dombauhütte Köln/A. Kreyenkamp; **69 oben:** © RBA, rba_056271; **69 unten:** Verlagsarchiv; **70:** NS-Dokumentationszentrum der Stadt Köln; **71 oben:** Yad Vashem Photo Archive; **71 unten:** bpk; **72, 73:** ullstein bild - Bernd Lohse; **74:** © LAV NRW R, RWB_02236_0018, Fotograf: Julius Radermacher; **75:** © LAV NRW R, RWB_02291_0024, Fotograf: NSDAP Köln-Aachen (evtl. Julius Radermacher); **76/77:** © RBA, rba_d040267; **77 unten:** KFA; **78:** Fernamt Köln-Deutz, 1942; **80:** bpk/Josef Donderer; **81:** © RBA, Julius Radermacher, rba_d040271; **82:** bpk/Josef Donderer; **83:** NS-Dokumentationszentrum der Stadt Köln; **84:** bpk/Josef Donderer; **85:** © LAV NRW R, RWB_18368_0012, Fotograf: Erich Behnke; **86:** Walter G. Müller, Brühl; **89:** bpk; **90:** © LAV NRW R, RWB_02300_0001, Fotograf: NSDAP Köln-Aachen (Luftgaubildstelle VI, Münster); **91:** © LAV NRW R, RWB_02300_0020, Fotograf: NSDAP Köln-Aachen (Luftgaubildstelle VI, Münster); **92:** NS-Dokumentationszentrum der Stadt Köln; **93:** Scherl/Süddeutsche Zeitung Photo; **94 oben:** Bundesarchiv | Bild 121-1343; **94 unten:** © LAV NRW R, RWB_19183_0004, Fotograf: Erich Behnke; **95:** MDS; **96 links:** RWWA Stollwerck 208 - F 6581; **96 rechts:** RWWA Stollwerck 208 - F 6588; **97 oben:** MDS; **97 unten:** NS-Dokumentationszentrum der Stadt Köln; **98:** © LAV NRW R, RWB_02279_0011, Fotograf: NSDAP Köln-Aachen (evtl. Julius Radermacher); **99 oben:** © RBA, Wilhelmi, rba_d040273; **99 unten:** © RBA, Wilhelmi, rba_d040274; **100 oben:** © RBA, Wilhelmi, rba_d040275; **100 unten:** © RBA, Wilhelmi, rba_d040276; **101:** © LAV NRW R, RWB_20857_0004, Fotograf: Erich Behnke; **102:** Autorenarchiv; **103:** Theaterwissenschaftliche Sammlung, Universität zu Köln; **104:** Peter Kleu/Ruhr Museum; **107:** SZ Photo/laif; **108:** © LAV NRW R, RWB_02290_0004, Fotograf: NSDAP Köln-Aachen (evtl. Julius Radermacher); **109:** © LAV NRW R, RWB_02289_0005, Fotograf: NSDAP Köln-Aachen (evtl. Julius Radermacher); **110:** The National Collection of Aerial Photography, Edinburgh; **111:** © LAV NRW R, RWB_02267_0015, Fotograf: Julius Radermacher; **112:** © LAV NRW R, RWB_03557_0021, Fotograf: Erich Behnke; **113:** © RBA, August Kreyenkamp, rba_199389; **114:** © RBA, August Kreyenkamp, rba_199399; **115:** © RBA, August Kreyenkamp, rba_199403; **116 oben:** Scherl/Süddeutsche Zeitung Photo; **116 unten:** © LAV NRW R, RWB_03582_0001, Fotograf: Erich Behnke; **117 oben:** SZ Photo/laif; **117 Mitte:** Raumbildverlag Otto Schönstein/DHM, Berlin; **117 unten:** picture-alliance/akg-images; **118:** Sammlung Barbara und Horst Hahn, Köln; **119 oben:** © RBA, Julius Radermacher, rba_d040277; **119 unten:** © RBA, Julius Radermacher, rba_d040278; **120 links:** RWWA Stollwerck 208 - F 6593; **120/121:** © LAV NRW R, RWB_18367_0028, Fotograf: Erich Behnke; **122:** picture-alliance/akg-images; **123:** © LAV NRW R, RWB_18367_0058, Fotograf: Erich Behnke; **124:** LVR-LandesMuseum Bonn; **125:** Walter G. Müller, Brühl; **126:** © LAV NRW R, RWB_02279_0010, Fotograf: NSDAP Köln-Aachen (evtl. Julius Radermacher); **127:** © LAV NRW R, RWB_02279_0005, Fotograf: NSDAP Köln-Aachen (evtl. Julius Radermacher); **128 oben:** © LAV NRW R, RWB_02287_0001, Fotograf: NSDAP Köln-Aachen (evtl. Julius Radermacher); **128 unten:** © LAV NRW R, RWB_02287_0002, Fotograf: NSDAP Köln-Aachen (evtl. Julius Radermacher); **129:** © LAV NRW R, RWB_03564_0004, Fotograf: Erich Behnke; **130 oben:** © LAV NRW R, RWB_02279_0019, Fotograf: NSDAP Köln-Aachen (evtl. Julius Radermacher); **130 unten:** © LAV NRW R, RWB_02287_0004, Fotograf: NSDAP Köln-Aachen (evtl. Julius Radermacher); **131:** © LAV NRW R, RWB_02288_0003, Fotograf: NSDAP Köln-Aachen (evtl. Julius Radermacher); **132–135:** bpk/Benno Wundshammer; **136 oben:** © LAV NRW R, RWB_02288_0007, Fotograf: NSDAP Köln-Aachen (evtl. Julius Radermacher); **136 Mitte:** © LAV NRW R, RWB_02288_0002, Fotograf: NSDAP Köln-Aachen (evtl. Julius Radermacher); **136 unten:** © RBA, rba_d020981; **137:** bpk/Georg Schödl; **138/139:** © LAV NRW R, RWB_02298_0002, Fotograf: NSDAP Köln-Aachen (evtl. Julius Radermacher); **139 rechts:** MDS; **140:** KFA; **143:** Historisches Archiv der Stadt Köln; **144 oben:** KFA; **144 unten:** bpk/US-Army; **145:** KFA; **146:** bpk/Benno Wundshammer; **151:** Archiv der Stiftung Bundeskanzler-Adenauer-Haus, Bad Honnef-Rhöndorf; **153:** Autorenarchiv; **154, 155:** KFA; **157:** RBA; **158/159:** Keystone/Photopress-Archiv/STR; **159 rechts:** picture alliance/SVT; **160–164:** KFA; **165 oben:** © RBA, rba_d040602; **165 unten:** Verlagsarchiv; **166 oben:** © Lee Miller Archives, England 2016. All rights reserved. www.leemiller.co.uk; **166 unten:** © RBA, rba_d040601; **167:** Keystone/Photopress-Archiv/STR; **168, 171:** © Lee Miller Archives, England 2016. All rights reserved. www.leemiller.co.uk; **172:** Popperfoto/Popperfoto/Getty Images; **173:** Margaret Bourke-White/The LIFE Picture Collection/Getty Images; **174:** National Archives (111-SC-202199); **175:** BK; **176 oben:** © RBA, rba_057897; **176 unten:** © RBA, rba_620220; **177:** KFA; **178:** © dpa – Report; **179:** © RBA, Karl Hugo Schmölz, rba_711753 s; **180:** KFA; **181:** © Dombauhütte Köln; **182:** © Die Photographische

Sammlung/SK Stiftung Kultur – August Sander Archiv, Köln/VG Bild-Kunst, Bonn 2016; **183:** Münchner Stadtmuseum, Sammlung Fotografie, Archiv Flöter; **184:** © Stadtmuseum Düsseldorf F13010; **185:** Walter G. Müller, Brühl; **186:** © RBA, rba_056238 (Ausschnitt); **187:** © Die Photographische Sammlung/SK Stiftung Kultur – August Sander Archiv, Köln/VG Bild-Kunst, Bonn 2016; **188 oben:** © RBA, Karl Hugo Schmölz, rba_d040270; **188 unten:** © RBA, rba_d040265; **189 links:** bpk/Walter Dick; **189 rechts:** © RBA, rba_d040279; **190:** © RBA, Walter Dick, rba_640918; **191 oben:** BK; **191 unten:** Walter G. Müller, Brühl; **192 links:** Foto Lambertin, Köln; **192 rechts:** BK; **194:** Sammlung Barbara und Horst Hahn, Köln; **195:** laif/Keystone/Photopress-Archiv/Walter Studer; **196 oben:** Walter G. Müller, Brühl; **196 unten:** BK; **197:** laif/Keystone/Photopress-Archiv/Walter Studer; **198:** © RBA, Walter Dick, rba_d040280; **199:** BK; **200:** Foto Lambertin, Köln; **201:** LVR-LandesMuseum Bonn; **202/203:** BK; **204 oben und Mitte:** LVR-LandesMuseum Bonn; **204 unten:** BK; **205:** bpk; **206 oben:** BK; **206 unten:** Privatarchiv; **207:** bpk/Walter Dick; **208 oben:** laif/Keystone/Photopress-Archiv/Walter Studer; **208 unten:** BK; **209–213:** Theaterwissenschaftliche Sammlung, Universität zu Köln; **214:** BK; **218:** Kölner Sportgeschichte e.V./Haus des Kölner Sports; **219, 220:** BK; **221:** MDS; **222, 223:** Kunsthaus Lempertz; **224:** Ursula Litzmann/DHM, Berlin; **225, 226:** MDS; **227:** BK; **228:** KFA; **229:** bpk/Peter Fischer; **230 oben:** picture-alliance/akg-images; **230 unten:** BK; **231, 232:** bpk/Benno Wundshammer; **233:** BK; **234 oben:** © LAV NRW R, RWB_01602_0034, Fotograf: C. A. Stachelscheid; **234 unten:** © LAV NRW R, RWB_01602_0027, Fotograf: C. A. Stachelscheid; **235 oben:** BK; **235 unten:** MDS; **236:** Walter G. Müller, Brühl; **237:** bpk/Benno Wundshammer; **238 oben:** Foto Lambertin, Köln; **238 unten:** RheinEnergie AG, Historisches Archiv; **239:** Geschichtswerkstatt Kalk e.V.; **240:** MDS; **241:** © RBA, Hermann Claasen, rba_d040269; **242:** © Dombauhütte Köln; **243:** Planet News Ltd.; **244, 245:** © Dombauhütte Köln/R. Hallensleben; **246:** KFA; **247 oben:** © LAV NRW R, RWB_01688_0003, Fotograf: C. A. Stachelscheid; **247 unten:** KFA; **248:** © Dombauhütte Köln/R. Hallensleben; **249 oben:** Willy van Heekern/Ruhr Museum; **249 unten:** KFA; **250/251:** bpk/Ruth Hallensleben; **252:** Willy van Heekern/Ruhr Museum; **253:** © RBA, rba_712014; **254:** BK; **255 oben und Mitte:** Dombauarchiv; **255 unten:** © LAV NRW R, RWB_19199_0016, Fotograf: Erich Behnke; **256:** Autorenarchiv; **258:** BK; **259:** MDS; **260/261:** BK; **262:** © RBA; **263:** KFA; **264:** LVR-LandesMuseum Bonn; **265:** Peter Kleu/Ruhr Museum; **266:** BK; **267 oben:** © LAV NRW R, RWB_18315_0003, Fotograf: Bert Müller-Schwanneke; **267 unten:** BK; **268:** Kölner Sportgeschichte e.V./Haus des Kölner Sports; **269:** KFA; **270:** Privatarchiv; **271:** Theaterwissenschaftliche Sammlung, Universität zu Köln; **272:** KFA; **273:** © LAV NRW R, RWB_18313_0001, Fotograf: Bert Müller-Schwanneke; **274:** © RBA, rba_d040284; **275 oben:** BK; **275 unten:** © RBA, rba_d040282; **276–279:** Archiv Karl Hugo Schmölz, Archiv Wim Cox, Köln; **288:** © RBA, rba_d040281.

Textnachweis

47/48: Irma Brandes, Köln – Stadt am Strom. Staufen-Verlag Edmund Bercker, Köln 1940, S. 6 ff.; **79/80:** Zeitungsartikel Anfang März 1945. In: Ausgewählte Quellen zur Kölner Stadtgeschichte V. Neueste Zeit 1918–1945, bearbeitet von Peter Joseph Hasenberg. Verlag J. P. Bachem, Köln 1961, S. 83 ff.; **87–89:** Verschiedene Zeitungsartikel aus dem *Westdeutschen Beobachter* vom 1. Juni 1942 und der *Kölnischen Zeitung* vom 2. Juni 1942; **105/106:** Eugen Skasa-Weiß, Ist Köln einsam? In: *Westdeutscher Beobachter* vom 15. Januar 1943, S. 1; **141–143:** Verschiedene Zeitungsartikel aus dem *Westdeutschen Beobachter* vom 1. und 2. März 1945 und der *Kölnischen Zeitung* vom 2. März 1945; **161/162:** Margaret Bourke-White, Sekt ist eine militärische Notwendigkeit. In: dies., Deutschland April 1945 (zuerst unter dem Titel »Dear Fatherland, Rest Quietly«, o. O. 1946), Deutsch von Ulrike von Puttkamer. Schirmer/Mosel Verlag, München 1979, S. 33 ff. (© 1979 by Margaret Bourke-White Estate); **169/170:** George Orwell, Das Kölner Chaos in Ordnung bringen (Creating Order Out of Cologne Chaos). Aus: Dietrich Schlegel, George Orwell im zerbombten Köln. In: Geschichte in Köln. Beiträge zur Rheinischen und Kölnischen Geschichte. Hrsg. von Annette Eversberg u. a. dme Verlag, Köln 1985, S. 125 ff., Übersetzung aus dem Englischen von Dietrich Schlegel; **193/194:** Aus: Heinrich Böll, Werke. Kölner Ausgabe. Band 14. 1963–1965. Hrsg. von Jochen Schubert. © 2002 Verlag Kiepenheuer & Witsch GmbH & Co. KG, Köln/Germany; **211:** Hans Schalla, An die Freunde des Schauspiels. In: Kunst und Kultur in Köln nach 1945. Hrsg. vom Historischen Archiv der Stadt Köln. Wienand Verlag, Köln 1996, S. 107; **215–217:** Wolf Strache, Eine Brücke in die Zukunft – Köln. In: ders., Ich kam aus den zerbombten Städten. Berichte aus Deutschland 1945. Droste Verlag, Düsseldorf 1988, S. 129 ff. Dort nur ein summarischer Hinweis auf Erstveröffentlichungen der in diesem Buch kompilierten Städteporträts »in den Jahren 1946/47 in der Monatszeitschrift *Stuttgarter Rundschau*, in dem satirischen Magazin *Wespennest* und in der Sammlung *Verwandeltes Antlitz* (Safari-Verlag, Berlin)«; **229:** Aus: Carl Zuckmayer, Des Teufels General. © Bermann-Fischer Verlag. Stockholm 1946. Alle Rechte vorbehalten S. Fischer Verlag GmbH, Frankfurt am Main; **257/258:** Rudolf Schwarz, Die Stadt der Zukunft. In: Merian, Heft 3: Köln. Hoffmann und Campe Verlag, Hamburg 1948, S. 90 ff.

Es konnten nicht alle Inhaber der Bild- und Textrechte ermittelt werden. Wir bitten, sich gegebenenfalls mit dem Verlag in Verbindung zu setzen.

Verzeichnis der Fotografen

Erich **Behnke** (geb. 1912) war Chemiker, seit 1940 und nach dem Zweiten Weltkrieg wieder ab 1949 bis 1979 Feuerwehrmann in Köln. Er fotografierte schon vor 1940 mit Color-Diamaterial.

Margaret **Bourke-White** (1904 – 1971) eröffnete nach verschiedenen Studien 1927 in Cleveland, Ohio, ein Studio für Architektur- und Industriefotografie, ab 1931 in New York. Ab 1937 und nach 1945 arbeitete sie als Bildreporterin für *LIFE*. Zwischen 1942 und 1945 fotografierte sie als erste weibliche Kriegsberichterstatterin für die US-Army in Deutschland, England, Nordafrika und Italien, u. a. die Befreiung des KZ Buchenwald.

Chargesheimer (1924 – 1971, eigentlich Karl-Heinz Hargesheimer) studierte an den Kölner Werkschulen. Ab 1950 arbeitete er hauptsächlich als freier Fotograf und veröffentlichte 14 Bildbände, schuf Acrylglas-Skulpturen und entwarf Bühnenbilder.

Hermann **Claasen** (1899 – 1987) wurde nach dem Zweiten Weltkrieg durch seine Trümmerfotografien aus dem zerstörten Köln bekannt. Freiberuflich arbeitete er als Porträt- und Werbefotograf für verschiedene Auftraggeber.

Walter **Dick** (1914 – 1976) war bis 1939 als Fotojournalist für die *Kölnische Zeitung* und beim Berliner Bilderdienst tätig. Ab 1945 arbeitete er für das Nachrichtenamt der Stadt Köln und für verschiedene Zeitungen und Magazine.

Josef **Donderer** (1903 – 1958) war Fotograf in Berlin.

Theo **Felten** (1908 – 1985) war als Fotograf Autodidakt. Er machte während der Weltwirtschaftskrise sein Hobby zum Beruf und etablierte sich als Pressefotograf in Köln.

Peter **Fischer** (1903 – 1980) arbeitete zunächst als Schriftsteller, nach 1938 fotografierte er meist gemeinsam mit seiner Frau Charlotte für fast alle namhaften Zeitungen als freier Mitarbeiter, zuletzt hauptsächlich für die *Neue Illustrierte Köln*. In den 1950er-Jahren war er bekannt für seine fotodokumentarischen Arbeiten.

Hubs **Flöter** (1910 – 1974) lernte die Fotografie im Atelier seines Onkels Eugen Coubillier und bei Hugo Schmölz in Köln kennen. Im Zweiten Weltkrieg war er u. a. Fotograf einer Propagandakompanie. Nach dem Krieg fotografierte Flöter als Pressefotograf die Kriegszerstörungen u. a. in Köln, Stuttgart und München und widmete sich vor allem der Modefotografie.

Rolf **Gillhausen** (1922 – 2004) kam nach dem Krieg autodidaktisch zur Fotografie. In den 1950er-Jahren war er bei Associated Press (AP) als Fotoreporter beschäftigt, ehe er 1965 zum *Stern* ging und 1976 *GEO* gründete.

Ruth **Hallensleben** (1898 – 1977) machte eine Lehre als Fotografin bei Elsbeth Gropp in Köln und hatte dort 1934 ihr erstes Atelier im Hansahochhaus. Ab 1936 arbeitete sie im Auftrag von Firmen und Verlagen als Industriefotografin.

Hans **Hartz** (1902 – 1971) machte in den 1920er-Jahren die autodidaktisch erlernte Fotografie zum Beruf, zog nach Hamburg und gründete dort einen Ansichtskartenvertrieb.

Willy van **Heekern** (1898 – 1989) arbeitete als freier Fotograf vor allem im Ruhrgebiet. Seine Reportagethemen zur NS-Zeit waren u. a. die Olympischen Spiele in Berlin, die Kinderlandverschickung und das Winterhilfswerk im Ruhrgebiet. Seine offiziellen Aufträge zur Dokumentation von Kriegszerstörungen schützten ihn vor der Einberufung.

Conrad **Horster** (1897 – 1979) war Pilot in den Weltkriegen. In der Zwischenkriegszeit betrieb er ein Atelier in Köln, ab 1950 war er freier Mitarbeiter der *Kölnischen Rundschau* und wurde durch seine Sportfotos bekannt.

Peter **Kleu** (1903 – 1980) wurde nach einer Fotolehre in Köln 1927 als Fotograf, Zeichner und Retuscheur in Essen angestellt. In der NS-Zeit fotografierte Kleu offiziell bei Veranstaltungen von Staat und Partei und während des Kriegs zur Dokumentation die Bombenschäden. Nach 1947 arbeitete er als Fotograf im Ruhrgebiet.

Helmut **Koch** (1908 – 1970) fotografierte ab 1931 für verschiedene Zeitungen in Köln, später in Berlin und wurde nach 1945 einer der bekanntesten Fotoreporter in Köln.

Martha **Kranz** ist eine Kölner Fotografin mit dem Schwerpunkt kirchliche Baukunst.

August **Kreyenkamp** (1875 – 1950) fotografierte Landschaften und Porträts, vor allem in Köln Ansichten von Straßenszenen, Architekturen, von Sakral- und Profanbauten sowie Denkmäler. Außerdem experimentierte er mit Mikroaufnahmen von Kristallen.

Erich **Lambertin** (1913 – 2003) begann 1944/45 als Pressefotograf und gründete 1949 unter der Hohenzollernbrücke sein erstes Fotofachgeschäft. Seine fotografische Arbeit umfasst Stadtlandschaften, Porträts und vor allem den Kölner Karneval.

Ruth **Lauterbach-Baehnisch** (1910 – 1997) machte eine Fotografenlehre bei August Sander in Köln und eröffnete 1938 in Düsseldorf ein eigenes Atelier für Porträt-, Landschafts- und Naturaufnahmen. Nach dem Zweiten Weltkrieg fertigte sie Fotoserien über die zerstörten Kölner Kirchen und arbeitete für deutsche Industrieunternehmen.

Ursula **Litzmann** (1916) begann ihre Karriere als Pressefotografin 1940 in Hamburg. Anfang der 1940er-Jahre arbeitete sie in Berlin für Agenturen und Zeitschriften. 1944 ging sie zurück nach Hamburg und dann nach Düren. Nach dem Krieg erhielt sie als erste Fotojournalistin von den Briten eine Lizenz für die Presseberichterstattung.

Bernd **Lohse** (1911 – 1995) studierte zunächst Geschichte und Publizistik in Berlin und arbeitete dann für Zeitschriften als Auslandsreporter u. a. in Frankreich und Schottland. Bereits ab 1937 fotografierte er auch in Farbe. Während des Zweiten Weltkriegs arbeitete Lohse in einer Propagandakompanie als Bildreporter.

Werner **Meyer-Eppler** (1913 – 1960) studierte Physik an der Universität Bonn und arbeitete als Assistent am dortigen Physikalischen Institut. Als engagierter Amateur fotografierte er im Krieg während der nächtlichen

Angriffe auf Köln. Nach 1945 forschte er zur synthetischen Spracherzeugung und wurde 1957 Professor für Phonetik und Kommunikationsforschung in Bonn. Zu seinen Studenten gehörten bekannte Musiker, u. a. Karlheinz Stockhausen.

Lee **Miller** (1907 – 1977) studierte in New York, arbeitete erfolgreich als Fotomodell und wurde später in Paris die Assistentin von Man Ray. Sie eröffnete ein eigenes Fotostudio für Mode- und Porträtfotografie in Paris und ab 1932 in New York. 1939 zog sie nach London. 1944 wurde Lee Miller als englische Militärkorrespondentin akkreditiert und fotografierte den Vormarsch der Amerikaner in Europa, u. a. Hitlers Wohnung in München am 30. April 1945, die Befreiung der KZs Buchenwald und Dachau und die Befreiung Kölns im März 1945.

Friedrich **Müller** arbeitete als Fotograf in Köln-Ehrenfeld.

Bert **Müller-Schwanneke** (1912 – 1999) übersiedelte 1948 nach Düsseldorf, betätigte sich als freiberuflicher Fotograf und Journalist und dokumentierte auf seinen Reportagereisen den Wiederaufbau und das einsetzende Wirtschaftswunder im Rheinland. 1953 fand Müller-Schwanneke eine Festanstellung als Fotograf bei der Deutschen Edelstahlwerke AG in Krefeld.

Photo-Seuffert war tätig in der Vor- und Nachkriegszeit in Köln und gab kleine Mappen mit Fotografien von Trümmerlandschaften und zerstörten Kirchen in Köln heraus.

Popperfoto, gegründet 1934 vom tschechischen Fotografen Paul Popper, ist eines der größten Bildarchive in England.

Julius **Radermacher** (gest. 1944) arbeitete als Pressefotograf und wohnte in Köln-Sülz. Von 1940 bis 1944 dokumentierte er insbesondere die Kriegsschäden in Köln.

Hans **Reinhardt** hatte bis 1959 ein Fotoatelier in Köln-Ehrenfeld.

August **Sander** (1876 – 1964) gilt als einer der wichtigsten Fotografen des 20. Jahrhunderts. Zwischen 1911 und 1941 betrieb er ein Atelier in Köln-Lindenthal. Mit seinem Bildatlas »Menschen des 20. Jahrhunderts« unternahm er den Versuch eines fotografischen Querschnitts der Gesellschaft der Weimarer Republik. Sanders Werk umfasst darüber hinaus Landschafts-, Natur- und Stadtfotografie. »Köln wie es war« ist eine Bildmappe mit 400 Fotografien des Kölner Stadtbilds aus den Jahren 1920 bis 1939.

Heinz **Sangermann** (1907 – 1983) machte sich nach einer Fotografenlehre bei Hugo Schmölz in Köln als Messe-, Architektur- und Porträtfotograf selbstständig. 1953 gründete er u. a. mit den Kölner Fotografen Clemens Hartzenbusch, Karl Hugo Schmölz und Max Wette die Vereinigung Photo-Art.

Karl Hugo **Schmölz** (1917 – 1986) ging 1932 bei seinem Vater Hugo Schmölz in die Lehre und war ab 1937 Cheffotograf im väterlichen Betrieb, den er 1938 nach dem Tod des Vaters übernahm. Ab 1942 war er in Köln in der Luftbildauswertung tätig und nach 1945 als selbstständiger Architektur-, Möbel- und Werbefotograf.

Georg **Schödl** (1899 – 1981) machte in München eine Fotografenausbildung, war im Zweiten Weltkrieg Kriegsberichterstatter der Luftwaffe und danach Fotograf der *Abendzeitung* in München.

Carl August **Stachelscheid** (1919 – 1990) erhielt eine kaufmännische und eine fotografische Ausbildung und war ab 1941 in der Kriegsberichterstatterkompanie. Nach dem Krieg arbeitete er für eine Düsseldorfer Zeitung. Es folgten Tätigkeiten für Tageszeitungen wie die *Rheinische Post* sowie für die Deutsche Presse-Agentur (dpa), in zunehmendem Maße auch Werbefotografie.

Georg von **Stavenhagen** (1899 – 1954) war ab 1929 als Bildjournalist in Berlin tätig und ab 1945 in Köln.

Walter **Studer** (1918 – 1986) arbeitete nach einer Fotografenlehre als Reporter für die Photopress Zürich. Ab 1948 war er freier Fotograf in der Schweiz und gewann 1978 den Hasselblad Award.

Alfred **Tritschler** (1905 – 1970) wurde von 1923 bis 1925 an der Münchener Lehr- und Versuchsanstalt für Photographie ausgebildet und arbeitete von 1925 bis 1927 bei der UfA in Babelsberg. Ab 1927 war er Mitarbeiter, ab 1936 Miteigentümer und ab 1951 Inhaber der Bildagentur »Dr. Paul Wolff & Tritschler« in Frankfurt am Main.

Jakob **Volk** (1876 – 1954) war gelernter Schreiner und arbeitete u. a. am Innenausbau von Zeppelinen. Als Autodidakt baute er sich seine eigene Plattenkamera und bereiste und fotografierte Deutschland.

Weiseler war einer der Fotografen des Raumbild-Verlags von Otto Wilhelm Schönstein.

Benno **Wundshammer** (1913 – 1987) war Journalist und Fotograf und absolvierte zunächst eine Chemografenlehre in Köln. Ab 1937 war er als Fotoreporter des Reichssportbunds in Berlin tätig. Von 1942 bis 1945 gehörte er der Redaktion der NS-Auslandspropagandaillustrierten *Signal* an. Nach dem Krieg konnte er seine Karriere als Reporter verschiedener Zeitschriften fortsetzen.

Von den Fotografinnen, Fotografen und Agenturen Bräuer, John W. Hines, Hügen, Allen Jackson, Adalbert Maier, Heribert Menzen, Walter Naumann, Herrmann Schlingenthal, Sport-Foto-Otten und Westbild sind uns bisher keine Daten bekannt. WV

Verzeichnis der Textautoren

Heinrich **Böll** (1917 – 1985) studierte Germanistik in Köln und arbeitete ab 1946 als freier Schriftsteller. Er galt als vehementer Kritiker des politischen Establishments und wurde Anfang der 1970er-Jahre Präsident des P.E.N.-Clubs. 1972 erhielt er den Nobelpreis für Literatur und wurde 1983 Ehrenbürger der Stadt Köln.

Margaret **Bourke-White** (1904 – 1971) eröffnete nach verschiedenen Studien 1927 in Cleveland, Ohio, ein Studio für Architektur- und Industriefotografie, ab 1931 in New York. Ab 1937 und nach 1945 arbeitete sie als Bildreporterin für *LIFE*. Zwischen 1942 und 1945 fotografierte sie als erste weibliche Kriegsberichterstatterin für die US-Army in Deutschland, England, Nordafrika und Italien, u. a. die Befreiung des KZ Buchenwald

Irma **Brandes** (1905 – 1995) arbeitete als Journalistin in Berlin. 1929 zog sie als Rheinlandkorrespondentin des Scherl-Verlags nach Köln und heiratete dort den späteren letzten Kölner NS-Oberbürgermeister Robert Brandes. 1937 entstand ein Kölner Stadtführer, der bis in die Nachkriegszeit in mehreren Auflagen erschien. Nach dem Krieg legte sie ihren Themenschwerpunkt auf den Zeitraum der Romantik und veröffentlichte zahlreiche Bücher über Frauen dieser Kulturbewegung.

George **Orwell** (1903 – 1950) wuchs in Indien auf und kehrte 1927 nach Europa zurück. Während des Zweiten Weltkriegs schrieb Orwell für verschiedene Zeitschriften und später für die BBC über zahlreiche Themen. Orwells Werk »1984«, seine Dystopie eines totalen Überwachungsstaats, erschien im Jahre 1948.

Hans **Schalla** (1904 – 1983) war Schauspieler, Regisseur und Theaterintendant u. a. in Köln, Düsseldorf und Bochum. Dort war er von 1949 bis 1972 Generalintendant des Schauspielhauses, das unter seiner Leitung den Ruf einer international bedeutenden Bühne errang.

Rudolf **Schwarz** (1897 – 1961) studierte Architektur in Berlin und katholische Theologie in Bonn. Als Dozent wirkte er in Offenbach (1925 – 1927), Aachen (1927 – 1934) und Düsseldorf (1953 – 1961). Zwischen 1946 und 1952 leitete er als Generalplaner den Wiederaufbau der Stadt Köln. Er war Architekt von Sakral- und Profanbauten mit Architekturbüros in Frankfurt am Main und Köln.

Eugen **Skasa-Weiß** (1905 – 1977) studierte Germanistik und Theaterwissenschaften in Kiel, Königsberg und Köln und war dort als Redakteur tätig. Nach dem Verlust der Wohnung zog er 1943 nach München und arbeitete als freier Schriftsteller und Journalist. Er schrieb Kritiken, Reiseberichte, Plaudereien und veröffentlichte über dreißig Bücher.

Wolf **Strache** (1910 – 2001) studierte in München Volkswirtschaftslehre und arbeitete dann als freiberuflicher Bildjournalist vor allem zu rüstungstechnischen Themen und publizierte dazu ab 1936 im eigenen Verlag. Im Zweiten Weltkrieg diente er als Bildberichterstatter bei einer Propagandakompanie. Nach 1945 führte Strache seine Doppeltätigkeit als Fotograf und Verleger weiter und produzierte erfolgreich im eigenen Verlag Die schönen Bücher vor allem Bildbände über Städte und Regionen Deutschlands und Lehrbücher für Fotografen.

Carl **Zuckmayer** (1896 – 1977) studierte nach dem Ersten Weltkrieg unter anderem Jura, Literaturgeschichte und Soziologie in Frankfurt am Main und Heidelberg. Ab 1920 arbeitete er als freier Schriftsteller. Für den UFA-Film »Der blaue Engel« (1930) verfasste er das Drehbuch. Nach dem Anschluss Österreichs wanderte Zuckmayer 1939 in die USA aus. Mit dem Drama »Des Teufels General« von 1946 setzte er sich mit der NS-Zeit auseinander. WV

Aufbau zur Ausstellung »Köln – 1900 Jahre Stadt«
1950, Fotograf unbekannt

Herausgegeben
von der Historischen Gesellschaft Köln e.V.

Historische Gesellschaft Köln

Bildredaktion: Aiko Wolter, Köln
Lektorat: Thomas Volmert, Köln
Gestaltung: Thomas Neuhaus, Billerbeck
Gesetzt aus der FS Sally und der Klavika
Lithografie: Farbo Prepress, Köln
Druck und Bindung: Passavia, Passau
Papier: GardaMatt Art

ISBN 978-3-7743-0667-7

Detaillierte Informationen über alle unsere Bücher
finden Sie unter: **www.Greven-Verlag.de**